북해도친구

북해도친구

1판1쇄 인쇄 2019년 5월 25일
1판1쇄 발행 2019년 6월 01일

지은이 : 정영호
편집디자인 : 인사이트그래픽스 faceland@naver.com
발행인 : 김지영
출판사 : 도서출판수민
출판등록번호 : 제327-3270000251002004000007호
전자우편 : alrim05@naver.com
네이버 카페 : 북해도친구
인터넷 전화 : 070-4645-6545
카카오톡 아이디 : bukedochingu
ISBN 979-11-5711-397-2

책가격: 15,000원
이도서의국립중앙도서관출판사도서목록(CIP)은서지정보유통지원시스템홈페이지와
국가자료공동목록시스템에서이용하실수있습니다.

북해도친구

글 정영호

프롤로그

장자가 어느 봄날 나비가 되어 하늘을 날다보니 자기가 나비인지 나비가 자기인지 모르게 되었다는 이야기가 있습니다.

필자는 일반 보편적인 삶과는 조금 색다른 취미를 갖고 있습니다. 누구에게는 평생의 꿈일지도 모를 멋진 바이크를 몇 대씩이나 가지고 있고 지금까지 타봤던 바이크만 해도 모두를 떠올리는데 상당한 시간이 걸릴 만큼 오래 바이크를 타왔습니다. 그렇다고 바이크를 타고 질주하는 스피드를 즐기거나 험한 길을 멋지게 돌파하는 순간을 만끽하는 라이더는 아닙니다. 그저 바이크를 타고 제가 가고 싶은 곳에 가서 쉬었다 돌아오는 정도입니다. 하지만 바이크 취미 덕에 일본 전역을 별달리 돈 걱정 없이 몇 번이고 돌아보는 호사도 누렸습니다. 비록 텐트치고 침낭에서 자는 힘든 여정이었더라도 말이지요. 여행을 업으로 삼은 지 이래저래 삼십년에 가까워지니 사람들이 왜 길을 떠나는지 궁금했습니다. 또 길 떠나는 사람들과 함께 여기저기 좋은 곳을 기웃거리다보니 도무지 알수 없었던 여행이 뭔지 대충 알것도 같아집니다.

견지망월(見指忘月)

달을 보라고 가르켜주어도 달 가리키는 손가락만 쳐다보는 어리석은 사람을 빗대는 말입니다. 하지만 누구나 다 처음은 실수투성이고 자기가 알지못하는 분야나 일이라면 대부분 이리될 것입니다. 사람으로 인해 상처받은 마음 부둥켜안고 떠나는 여행도 보았고, 열심히 살다 뜨겁게 달궈진 머리와 차갑게 식어버린 심장을 다시 식히고 힘차게 뛰게 만들기 위해 떠나는 님들도 보았습니다. 그리고 남들이 좋다고하는 어딘가를 둘러보고 남들 좋다는 음식도 두루 먹습니다. 그래서 돌아오는 길에 좋았다고 합니다. 그리고 아무렇지 않게 다음날부터 시작되는 일상으로 돌아가는 것을 많이 보았습니다. 여행이 로또 일등 당첨금 받으러 떠나는 길이 아니니 당연한 귀결이겠습니다만 한번쯤 여행에서는 조금 다른 걸 찾으면 어떨까합니다.

어디를 가던 상관없습니다. 마음맞는 그 누구와 함께 일상을 벗어나 조금 자유로운 시간과 끼니 때마다 굶지않아도 될 만큼의 금전적 여유를 가질 수 만 있으면 됩니다. 제가 쌓아온 여행 경험에서 꼭 만나야할 친구로 "깊은 잠"을 추천합니다. 처음 이 세상에 오기전 어머니 자궁에서 누리던 그 깊은 잠 말입니다.

세상 근심 걱정 아무것도 모르던 그 상태로 돌아가는 길이 바로 깊은 잠이라 생각합니다. 일상에서 늘 하던 다람쥐 쳇바퀴 도는 생활을 벗어나 새로운 시간을 맛보며 제대로 자보자는 거지요. 그렇게 오래전에 잊혀졌던 "친구"를 만나 좀 더 많은 일을 하고, 좀 더 깊이 생각하는 새로운 나를 만나자는 것이죠. 여기에 소개하는 장소나 먹거리,

할거리는 다 곁가지입니다. "깊은잠"으로 가는 과정중에 잠시잠깐 스쳐지나는 도구들일뿐입니다. 그리 중요하지 않습니다. 지금 타고가는 기내에서 배안에서 가볍게 읽다가 두고 내려도 무방한 내용들뿐입니다.

깊이 알지 못하지만 예수의 말씀중에 자신의 형상을 만들어 섬기지말라는 말씀이 있습니다. 예수께서는 이 세상에 "천국"을 증거하러 오셨지만 민중은 그가 가진 "능력"과 "권세"를 기대하였습니다.
바다를 걷고, 맹물을 포도주로 만들고, 병든자들을 고치는 능력을 가진이가 마음을 먹고 힘을 발휘한다면 무엇인들 못하겠습니까. 하지만 그가 이 땅에 온 이유는 "천국"을 증거하기 위함이지 손오공같이 원숭이의 왕되기 위함이 아니었기에 순순히 십자가에 못박혀 죽고, 다시 살아나신 것일겁니다. 그가 자신의 형상을 만들지 말라 하심은 후세에 어리석은 사람들이 자신이 증거하려 했던 천국이 아니라 예수자신만을 믿는 우를 범하게 하지않으려 해서였을 것입니다.

이번 여행길은 맛있는 음식과 멋진 풍경과 인증 샷에 그치지 말고 잘 보고 잘 먹고 잘 마신 후에 그리운 옛 친구 "깊은잠"과의 만남을 즐기시면 어떨까요. 제가 생각하는 여행은 나를 만나는 시간을, 내 속에 같이하는 많은 이들을 기억하는 시간을 가지며 나를 돌아보고 여행와서조차 많은 곳을 가야하는 욕심을 버리고남보다 특별해야 만족하는 구태의연을 떨어내면 어떨까합니다. 남들과 똑같은 곳에서 자고 먹고 , 남들같이 보내는 시간에 특별할 것은 없을것입니다.

특별한 나를 만나기 위해 조금 낯선 곳에서 온천도 하고, 고기도 구워먹고, 면도도 하고, 걷기도하며 몸을 움직이며 마음도 움직여서 "깊은 잠"을 자자는 것입니다.

깊은 잠끝에서 만나는 나는 나비일지도
나비 꿈꾸는 나무꾼일지도 모릅니다
나비 꿈꾸는 나는 정영호입니다...

2019, 5월 화창한 어느 봄날

좀 지난 이야기들

3월 015

야쿠자 이야기 025

한류 039

욕 055

맥주 이야기 069

낫또(納豆) 089

숟가락 105

많이 알려진 이야기들

눈 축제(雪祭り) 111

라멘 123

교회 135

개 썰매 143

온천 157

잘 모르는 이야기들

이란카랍테...................................... 181

북해도 친구 191

청어 205

시라오이 규 219

북해도 개(北海道犬)...................................... 227

스시 젠(すし 善) 243

쿠니마레 269

소우야 미사키(宗谷岬)...................................... 275

감사와 감동 281

반바지 295

스페셜리스트...................................... 299

좀 지난
이야기들

3월

꽃피는 봄이 오면 내곁으로 온다고 말했지

꽃피는 봄이 오면 내곁으로 온다고 말했지

노래하는 제비처럼

언덕에 올라보면

지저귀는 즐거운 노래소리

꽃이 피는 봄을 알리네　　　　　**1977년 윤승희씨의 제비**

강남갔던 제비가 남풍타고 올라와 마음씨 좋은 사람들 집 처마밑에 둥지를 틀고 새끼낳아 기르는 봄이다.
그 봄 삼월이면 떠오르는 그녀가 있다.

1990년대의 동경의 지하철은 그야말로 지옥철이었다. 물론 지금이라고

해서 나비가 날아다니고 천사가 하늘을 날며 커피 배달하는 천국은 아니지만 말이다. 두 서너번 지하철을 이용해보곤 아르바이트로 일하던 한식당까지 시나가와에서 메구로까지 한 시간 반을 죽어라 자전거를 타고 크고작은 언덕을 넘는게 그다지 억울하지않았던 것을 보면 말이다.

그러던 삼월의 어느날 베토벤의 운명처럼 프랑스군의 군화발소리같은 운명의 시간이 다가왔다. 아침에 학교갈 때까지 멀쩡했던 자전거의 앞타이어가 공기가 쭉 빠져 종로서적앞의 어느 포장마차에서 구워논 호빵처럼 낮작해져 있었다. 가까운 자전거포로 달려가 공기 넣어보아도 금새 흐믈흐믈해지는게 아닌가 이거 영 아니다.

실금이 가 새는게 분명했다. 어쩔수 없이 자전거포에서 말하는데로 튜브를 갈아달라고 부탁하고는 늦지않게 메구로를 향해 야마노테 순환선 지하철을 탔다. 무슨 사고라도난건지 열차가 조금씩 늦는다는 구내방송이 나오고는 한 참있다들어온 열차는 벌써 이북출신 오마니 표현 그대로 피난열차상태였다.

"이론 C8"
전혀 예상치 못한 저녁녁의 만원열차.

아침처럼 푸시맨들이 꾹꾹 쑤셔넣는 정도는 아니어도 충분히 숨쉬기 힘든 지경이다. 열차의 흔들림에 몸을 맡기고는 시루통의 콩나물마냥 덜컹

거리며 기고 있노라니 조금 떨어진 반대편입구쪽에서 앙칼진 여자의 매운 욕설이 귀를 찌른다. 워낙 많은 사람들 틈이라 자세히 보이지는 않았지만 분명 한국말이었고 분명치않지만 욕설임에 틀림없었다.

"이 쪽발이 새키야!"
"なんだてこのあま"(뭐라는거야 이 c8年2)

목소리는 처음엔 여자 하나였다가 점점 여럿의 남자 목소리가 가미되어 크고 높아지고 있었다. 무슨 상황인지 알고 싶기도 했고, 그쪽 입구가 내리고 출구로 나가는 쪽에 가까워 조금씩 조금씩 옆으로 이동을 할라치니 소리를 치는 여자는 조총련계 학교에 다니는 여학생이었다. 당시에는 조선학교 학생들은 대부분 까만치마에 저고리로 된 교복을 입고 있어 금새 알수 있었다. 그녀의 주변에는 불량기있어 보이는 일본 고삐리 양아치들이 각양각색으로 개조되고 호랑이 자수와 용 자수를 놓은 교복에, 머리털은 고교시절 꼽슬머리로 유명했던 하 충성이 같은 머리로, 일명"아프리칸 파마"로 불리우는 펀치 파마를 한 4녀석이 건들거리고 있었다.

보아하니 조선학교여학생에게 너저분한 수작을 걸다가 수틀리니 욕설을 하고 몸을 건드린것 같았다. 이에 여학생이 앙칼지게 대든 것 같아 보였다. 하지만 이 양아치녀석들 수준이 보통 이하였음이 틀림없었다. 계중 마르고 키 작은 놈이 이 여학생의 웃도리를 멱살잡듯 잡고 흔드니 저고리가 그만 찢어지고 말았다. 여학생이 그 녀석에게 손찌검을 하자마자 녀석들은 에스칼레트하기 시작했고 급기야 여학생의 치마마저 찢어버렸다. 여학생이 황급히 몸을 가리려하자 이 놈들 그 찢긴 옷조각을 바닥에 떨구구 발로 짓누그리고 집어들지못하게 밟고 있었다.

이 무렵만해도 나는 젊었다 또 학창시절 복싱선수로도 활동하여 맞는데는 어느정도 자신이 있었다. 너무나도 다급한 순간이다 싶어 나도 모르게 여학생에게
 "학생 가만있어 내가 도와줄게"하며
얼마되도 않는 거리에서 큰 소리로 외치니 이 못된 고삐리 녀석들도 흡신 놀라는 기색이었다.

지금 생각하면 이해가 되기도 하고 안되기도 하는 부분이 바로 이건데 아무리 저녁시간이라도 이리 많은 사람들이 모여있는곳에 아무도 그녀를 도와주려하는 이가 없었다는 것이다. 마치 모두들 아무것도 안들리고 안보인다는 것처럼 .... 너무도 희안했다.

성난돼지처럼 사람들 사이를 헤치고 이 고삐리 새퀴 목젖이 손에 닿을듯한 거리만큼 도달하자마자 조금전 고성으로 외치던 여학생입에서 이번엔 일본어 외침이 들렸다.
"ここで死んでも南朝鮮の奴には助けてもらいたくない!"
(여기서 죽는 한이 있더라도 남조선 놈 도움을 받고싶지는 않다)
분명 난 일본어 잘 듣지도 못하고 말하지도 못하는데…
이 말만큼은 또렷이 들렸었다. 순간 온 몸에 힘이 빠지고 건방진 고삐리 새퀴를 잡으려 뻗었던 손가락에 경련이 이는듯 했다.

그리고 몇 초나 흘렀을까 열차의 문이 열리고 그 양아치 녀석들과 고년(?)이 내렸다. 문이 열리자마자 뛰어나간 녀석들이 밟고 있던 저고리와 치마 쪼가리를 집어들고 왼쪽손에 걸치고 그 깡마른 뒷모습을 보이며, 헐렁하게 보이는 브레지어와 거들을 보이며 당당히 걸어가는 것이었다.

마치 꿈인듯, 아니 슬로우모션 영화를 보는듯 그 시간이 흘러 지나갔다. 그날 난 어떻게 식당에 갔는지, 무슨 일을 했는지 전혀 기억이 나지 않는

다. 하지만 그날 이후 많은 세월이 흐른 지금도 그 시간이 전혀 잊혀지지 않습니다.

그 날이후 난 많은 생각을 해보았습니다.

무엇이 아직 고등학생의 그 아이를 보통의 많은 이들앞에서 옷이 찢기우고 욕을 들어야 하게했는지 또 그 무엇이 감수성 예민한 지금 우리 막내딸만한 녀석을 수치심조차도 이기고 견뎌야하는 혁명전사(?)로 만들었는지 그리고 난 여전히 그녀가 어떻게 살고 있을지 궁금하다. 조선의 꽃으로 혁명의 무지개빛을 발하며 영광된 인생을 살고 있을런지 아직도 남조선 새퀴라면 이를 갈며 증오하고 있을런지, 아시는 분은 오직 하늘만 아시겠지만 그녀를 그렇게 만든것이 세상물정 모르고 아니 알려고도 안하고 그저 공자왈 맹자왈 교과서 공부만 잘한 우물안 개구리들같은 우리네 못난 조상들이 이리갈리고 저리 갈라서서 서로 시기하고 질시하며 싸우는통에 나라가 무너지고 백성들 국적이 바뀌었다.

그리고는 그들의 딸들이 이름모를 어느섬 어느언덕위 동굴에서 욕보이고, 그 손녀는 이리도 지하철에서 옷이 찢기우는가 싶다. 나 다만 내주인에게 그녀가 평범한 삶을 살게해주십사 하고 매일 기도 드린다.

여러분은 차이(差異)와 차별(差別)이 어떻게 다른지 아시나요?

무언가 닮은듯하나 진짜가 아닌것을 사이비(似而非)라 합니다. 이 일이 있던 그 당시에 대다수의 일본인들은 그녀와 나를 포함해서 사람인듯 하나 사람이 아닌 존재로 보았던것이 바로 재일동포요 조센징이었다 싶습니다.

사람은 누구나 평등하고 각자가 다 존귀한 존재로서 각자가 가진 능력에 따라 사는 방식이 다르고 그 기호가 다르다고 보는 "차이"가 있지만 사람으로 보지않는다면 "차별"이 되는겁니다.
"에이 이런 얘기 이제 고리짝 얘기입니다"
"시대가 지금 어느시대인데 이런 얘기합니까"
하는 분들도 있다. 하지만 아직도 이런 시대를 살고 있는 사람도 있다는 것은 알고 일본을 보라는 얘기입니다. 그렇다고 무조건적으로 일본은 나쁘다라고 얘기하는 것은 아닙니다. 막연하게 우리가 이러니 일본도 그럴 것이다라는 식으로 단순하게 보지말고 사람에 따라 시대에 따라 바뀌는 일본을 제대로 잘 보자는 것이죠. 서로의 다른점과 차이점을 하나하나 제대로 짚어나가야만 상대를 이해하고 좋은 관계를 만들어나갈수 있으리라 믿기때문입니다.
처음 이야기부터 무겁고 암울한 이야기를 꺼내든 이유는 부자일본의 부자집 이야기를 듣기전에 그 집에서 일하다 맞아죽은 니 할아버지 할머니를 알아야 너도 부자가 될 수 있겠다싶어, 일본과 일본인을 쪼금 아는 아저씨의 노파심과 염려이니 이해해주시기 바랍니다.
(세상 모두가 평등해야하고 평등할 수밖에 없다는 교육받고 자란 아직 부

모가 주는 용돈으로 사는 친구들이 대상이다보니 말이 좀 짧아졌습니다)

어느날 집에서 가까운 곳에 있는 은행에 통장을 만들려고 아침 일찍 10시에(?) 은행문 열자마자 가서 영업끝날 때까지 기다리다가 아직 처리가 안되었으니 내일 다시 와주겠냐는 말듣고 다음날 다시 문열자마자 가서 기다리다 영업 끝날 무렵, 이런저런 이유를 들어 좀 어렵겠다는 말을 듣는다.

뺀질뺀질한 얼굴의 부점장이라는 사람의 반말과 빈정거림은 그냥 덤이다. 억울하고 분해서 나오려는 눈물을 꾹참고, 메인 목에 헛기침 몇 번하고 말을 꺼낸다,

사업상의 필요로 통장을 만드는것도 대출을 받기위해 만드는 것도 아니라 그저 집앞에서 가까운 은행이니 그저 용돈정도 관리하려고 하는 것이다라 이야기한다.

그리고 잠시 기다리란 얘기와 함께 담당직원이 뭔가 잘못 알아서 이렇게 늦어지게 되었다면서 연신 사과하며 통장을 건네준다. 그리고 그 통장을 받아들고 나서며 어제 오후 늦게 와서 30~40분만에 통장 만들고 나간 이웃집에 사는 얼굴만 아는 아줌마를 떠올린다.

여기서 차이는 그 아줌마와 내가 통장을 받은 시간차이일까요?

차별은 아줌마와 내가 받은 통장의 색깔일까요?

역사를 잊은 민족에게 미래는 없다

조지 산타야나(George santayana)

근데 아버지 어머니 함자는 한자로 쓸줄알지?

아버지 어머니 생신날은?

오늘이 니 생일날이면 빨리 전화해

나아주셔서 감사합니다라고

글구 집에 들어갈 때 엄마 아빠 드릴 꽃 두 송이 사들고,

알았지?

니 생일을 가장 기뻐해주시는 분들에게 최소한의 성의표현은 해야 사람

이란다.

이런 일본이라도 저를 보기 위해(?) 굳이 오시려는 분들에게 도움이 될만한 여행사를 소

개해드립니다.

제이 하루 www.jharu.com 배 소영이사 TEL 02-724-8203

작은 여행사이지만 최선을 다하는 여행사입니다.

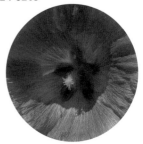

야쿠자 이야기

동키호테와 가미가제 그리고 야쿠자, 무엇이 같고 무엇이 다른가

창들고 무찌르기 위해 풍차에 덤벼들었다.

다치긴 했지만 살았다.

비행기타고 죽을려고 덤벼들었다.

그리고 죽었다.

맨손으로 남의 땅에서 살아남기 위해 덤벼들고 살아남은 사람들.

이번엔 그 야쿠자(八九三) 이야기를 해볼까 합니다. 보통은 카타카나와

히라가나로 ヤクザ나 やくざ로 쓰인다.

북해도 오기전 오사카에 살 때 이야기입니다.

상당히 오래된 이야기이기도 합니다.

어딜가려고 마음먹고 가면 ...항상 그날이 장날이다. 오늘도 비속을 뚫고 편도 60여키로길을 달려간 곳이 일본 야쿠자들의 최대계파인 야마구치구미(山口組)의 총본부가 있는 코오베(神戶).

코오베는 다른 많은 이야기거리와 관광지가 많은 곳이다.
야쿠자 총본산
뭐 이런 곳은 갈 생각도 안하는 곳이다. 하지만 뭔가 재미있는 이야기거리가 있을 것 같은 곳이란 생각은 든다. 이 곳은 어쩌다 코오베총영사관에 일이 있거나 할 정도의 한가한 때외에는 잘 오지 않는곳이다 보니 잘 해봐야 네다섯번 정도 왔던것 같다. 우선 한마디로 이곳은 전형적인 주택가이고 또 부유층의 마을이다. 이 곳만이 가지고 있는 특징적인 뭔가 특별한거랄건 없지만 인상깊은 것은

"문"이다"

중국이라고 하는 나라가 가진 특성이 "담"이라고 정의한다면....북경이나 상해 천진의 옛주택지를 옛사진으로 둘러보고, 영화 같은 것을 보다보면 느끼게 되는 것이 왠 담들이 이리 높이 서있나..하는 것이었는데
지금 이곳은 "담"도 튼튼하고 높게 잘 서있지만 그래도 한 눈에 가장 먼저 띄이는 곳은 문이다. "담"을 높이 쌓기에는 왕족이나 세도가가 아닌경우에는 엄청난 경비부담을 피할 수 없기에 "문"으로서 그 집안의 기품이

니 분위기를 풍기고사하는게 아닌가싶다. 지진이 워낙 빈번히 일어나는 나라이다보니 그저 높게만 쌓았다가는 나중에 더 큰 피해가 발생하니, 높이는 어느정도껏...

그리고 출입하는 부분에 시선이 집중되는 색채와 소재로서 돋보이게하는 것은 처음엔 남의 것 같더니 점점 우리네 옛 정서 같이 여겨진다. 우리네 양반님네들 (세도가)의 저택하면 의례 연상되는것이 솟을 대문이고 지나는 나그네가 고개들어 처다보며 가는....뭐 그런 정경일것이다.

우리의 대표적인 서민 문화의 상징은 "뜰"이 아닌가 싶다, 어릴 적 놀러 간 아버지의 고향마을에서는 모두가 낮은 담장과 문이랄 것도 없는 문,

마당에는 아무때나 앉을 수있는 평상,

우물우물대면 연신 되세김질하며 씹고있던 소,

조금 뛰어서 뒷마당으로 가면 밤나무와 장독대가 있던...

그 장독대사이로 하늘하늘 나비가 날아다니던

하지만 여기에 문은 좀 생뚱맞다. 환영한다던가 반갑게 맞이하는 분위기가 아니라 일순 주변 공기마저도 차단하는것 같은 느낌, 더운 여름 날 땡볕에 걷다지쳐 잠깐 쉬러 들어 간 은행의 시원함같이 내가 있는 곳과 저 문 안쪽은 완연히 다른 온도일 것 같은 뭐 그런 느낌이다,

주변에서 어디를 배경으로 사진을 찍을까하고 두리번 두리번 거리는 모습이 감시카메라에 잡힌모양이다 갑자기 어디선가 "무슨 일입니까?"하며 경계하는 듯한 목소리가 들린다.

자세히보니 토끼눈이이상해

혹시카메라?

야마구찌구미 총본부의 정문

"아무일 아닙니다"라고 얘기를 하고 뒤쪽으로 물러나니 전에 없던 곳에 새로 생긴 감시카메라가 계속 나를 응시하고 있는 것이 보여진다.

얼마전에 (2009년 6월 4일)일본 변호사들이 폭력조직(지정폭력단, 일본에 22개 단체가 있다)을 인정할 수없다며 이 집 주변에서 무언의 데모를 펼쳤던 일이 있다. 그 덕에 안쪽에 있는 사람들의 신경이 좀 날카로워졌던거 같다, 전에는 사진찍고 해도 뭐라는 얘기는 커녕 지나가는(아마도 경비서는 조직사원인듯)조직사원 아자씨가 사진까지 찍어주었었는데...

자 그럼 그 문과 담을 감상하시라~

오른쪽과 왼쪽에 보이는 카메라외에도 무수히 많은 카메라와 센서가 작동하고 있다. 어찌보면 세상에서 가장 안전한 동네일지도 모르겠다, 폭력조직의 가장 정상부의 사람들이 거하는 곳이니 어지간한 깡패나 도둑이 함부로 나돌아 다니겠는가 ...그래서 나름 가장 안전한 곳일 수도 있겠다는 생각이 드네요~ 조금 아래쪽의 출입구, 실질적으로 사람이 드나드는 곳은 이곳의 정 반대편인 입구이다, 정문과 정문에서 조금 떨어진 이곳은 아마도 만약의 사태가 발생하면 사용하는 비상구 같은 시설로 보여진다, 정문과 이곳은 실질적으로 50미터에서70미터 정도의 거리인데 정문에 서성거렸을 때 "뭡니까?"하던 사람의 목소리와 이곳에서 말걸던 사람의 목소리가 다른것을 보면 대략 20-50미터 정도 단위로 지키는 담당이 따로 있는것 같다. 이곳도 카메라와 센서가 엄청나게 설치된것이 보였다. 그다지 크지않은 목소리로 답변을 했는데도 다 알아 듣는것을 보면 상당한 기기장치인것 같아 놀랍다.

이런 무서운 아저씨들 사는 건너편 집 입구에 놓인 예쁜인형이 눈에 띄어서 한 장!
근데 잘보니 눈이 이상해~
혹시 카메라? ....
확인할 수없고..쩝

야쿠자라하는 것은 포루투갈의 카르타 게임이 일본식으로 변형된 것이라 합니다 (우리나라 도리짓고 땡 같은거라는데... 전 이런걸 잘몰라요)
세 장의 화투패을 받아서 끝자리가 높은 숫자를 가진 사람이 이긴다고 한다, "9""나 "19"나 "29"같은 숫자를 받은사람이 승자가 되는거지요. 그런데 이중에 야(8)쿠(9)자(3)를 받게 되면 20의 숫자가 되는데 이렇게 되면 숫자패를 "0"으로 본답니다.

처음 카드패를 받았을 때 "8" 을 받고 다음으로 " 9"를 받으면 다음으로 1 이나 2 를 받기만 받으면 제일 좋은 패가 되지만 3을 받게되니 아무 것도 아닌것이 되버리는 인생 삼팔 따라지 망통 같은 인생. 젊어서 멋지게 주먹도 쓰면서 돈도 쓰면서 인생을 즐기지만 말년에 아무것도 아닌게 되는 심오한 인생을 나타낸 왠지 철학적인 표현같아 제가 좋아하는 몇 안되는 일본어 단어이기도 합니다.

한 미디로 가장 쓸모없는 숫자라는 뜻에서의 8,9,3 이 일본어로 읽혀지면 야,쿠,자....가 된답니다. 결국은 초판에 잘나가다 막판에 꽝 되는 인생이라는 뜻이지요. 이 외에 야쿠샤(役者)라는 "배우"라는 말이 그 어원이라는 얘기도 있습니다. 연극할 때 배우처럼 무엇이든 다 할 수 있다는 뜻이지요

예전엔 극도(極道)라 불리우기도 했지요

일본에선 야쿠자의 관계를 정의할 때 "오야붕(親分)과 코붕(子分)으로 상하관계를 규정한 단체,또는 모임"이라 하며 두목을 부를 때 "오아붕"이라 한답니다. 중국에선 대형(大哥)이라고 해서 "따거우"라고 한다고 하죠. 이는 북송(宋)나라 때 기울어가는 나라를 위한다고 모여든 이런저런 무리들이 서로를 호칭하던게 그 유래라고 합니다, 이 분위기를 타고 후세에 우리도 쓰고 있죠. 김(金)형 이니 박(朴)형이니..사실 이게 전부 조직사원들이 서로를 부르는 호칭이라, 알고나면 쓰기 좀 뭐하죠.
우리나라는 "따꺼우" 대신 " 형님! "이라고 하죠. 별거는 아니지만 일본 야쿠자하고 우리네 조직의 형님들이 다른거는 이 호칭의 문제입니다.
일본과 조선은 같은 유교(儒敎)권 국가임에도 우리는 성리학으로 발전하고 일본은 양명학으로 발전을 해나갑니다.

성리학은 혈연을 중시하는 학풍. 신체발부수지부모(身體髮膚受之父母

)....하며 "효"를 중시여겨고, 집안이라는 대가족중심 조직으로 잘 꾸려져 나아가길 바라고 양명학은 개인의 능력이 중시되어져 어느 조직에 들어 가서 일하던 조직을 위해 죽어라고 열심히 일하자이고.......설명이 길어 지면 바닥이 드러나니 이쯤에서 살짝 접고가야 할 듯..)

이런 고로 우리의 정서상 두목을 아버지로 보기에는 무리가 가는거지요.

군사부일체 (君師父一體)

근데, 일본에서 두목이 아버지는 아니더라도 그 비슷한 분위기 작은아버 지까지는 가는...

뭐 그런거 아닌가 싶습니다.

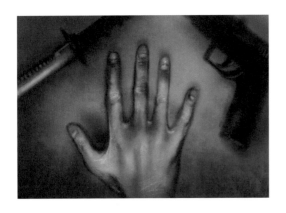

이 사람들이 제일 싫어하는 것이 위신,과 체면을 손상받는거, 자체 징벌로서 **절지(絶指)는** 조직에 위해를 가할만한 실수를 했을 경우에, 처음으로 약지(藥指)의 선단부를 자릅니다. 또 같은 실수를 했다면 새끼 손가락의 선단부,(아직까지는 총과 칼을 잡을 수있습니다) 다음에 같은 실수를 하면 장지(長指)를... 이후론 제명입니다.

제명(除名)은 보통 소식의 하부활동을 하기도합니다...조직에서 생활의 방편으로 라면집이나 운전기사등의 직업을 알선해줍니다.

파문(破門)은 과거를 잊는다는 뜻입니다. 지금까지 어떻게 지내왔던지 관계없습니다.그냥 끝입니다.(개인적으로 자살로 많이 끝냅니다)

절연(絶緣)은 음...이 부분인데. 지금까지의 모든 인연을 끊는다. 어찌 당사자 혼자만으로 모든 인연을 다끊을 수 있겠습니까?

그러다보니 개인적인 걸로 안끝나는 경우도 있는 것 같습니다. 가족,친지,친구들까지도 힘들게 되는것 같습니다. 참고로 일본의 이 야마구치구미라고 하는 조직은 실상 우리네 민족의 슬픈 자화상입니다.

시모노세키와 키타큐슈지역의 부두 하역노동작업을 하던 조선인 잡부조직으로 생겨나 무수히많은 차별과 멸시속에서 일하다 어느덧 일본어도 할 수 있고, 일본사정도 어느정도 알게 되고, 또 막말로 어차피 조선이라는 나라는 없어졌고 자신들도 일본인(?)인데 이리 불평등한 대접을 받을 수 없다고 들고 일어나니, 이들의 감독관들은 골치아픈 놈들을 한 몫에 싹 제거해서 예전처럼 말 잘듣는 놈들로 만들어 부려먹자싶어 당시로서는 가장 위험한 지역인 나고야의 항공기 제작공장이 밀집한 공단지역으

로 보내게됩니다. 물론 위험한 곳이니 많은 급여와 위험수당을 준다고
하였지요.

어차피 일주일이 멀다하고 미군 폭격기가 폭탄을 쏟아붙는 곳이니 살아
날 수 없으리라 생각했을겁니다. 그런데 이게 왠일입니까. 간신히 직업
훈련시키고 공장에 투입시키려는 차에 일본은 무조건항복을 하고마는 꿈
에도 생각못한 일대 사달이 나고만것입니다. 나라가 망한 판국에 주기
로 했던 급여와 수당이 엄두가 나질않으니 그저 재고로 쌓여있는 비행기
부속품인 베어링을 주게됩니다. 뭔지는 모르지만 일단 귀한거라 하고 주
는거니 대부분 기름종이에 담아 땅속에 묻어두고 일부를 꺼내 지금 우리
의 사다리타기같은 게임으로 널빤지에 못 몇 개 박아놓고 베어링 구슬을
위에서 굴려 떨구고 구슬이 떨어진 곳에 표기된 상품을 주거나 꽝이나오
는 내기게임같은 도박이 돼버립니다.

차후로는 점차 기계화되고 큰 가게로 대형화하지요. 돈이 모이고 놈팽이
들이 꼬이는 곳엔 항상 큰 목소리와 주먹질이 난무합니다. 이런 일을 막
고 해결하는 데에 역시 같은 동포가 적격이다보니 신체 건장하고 머리도
있지만 가진것 아무것도 없었던 "형님"들이 참여하게되지요. 그리고 그
조직이 일본내 최대 최고 조직이 되는 이야기입니다.

나라 빼앗겨 힘 없는 백성이 남에 나라에 종살이 하려고 끌려와 개,소처
럼 일하다. 죽고, 천우신조로 찾아온 해방이후로는 일본국적을 득하기전
까지는 공무원,사업을 할 수 없다보니 하게 된것이, 파칭코 와 식당등의

장사, 그리고 이 일히는 사람들 뒤봐주고 보수를 받는 역할인 야쿠자, 왠지 무서운 사람이라기 보다 아무것도 기댈 것 없는 낯선 땅에서 살아남기 위해 애썼던 사람들...

어쩌다 부모생각에 한국여행갔다가 바가지쓰고 왔다면서도 웃는 사람들...

우리나라의 기독교 교세가 짧은세월에 엄청나게 번창했다고 하는것도 어쩌면 성경에 나오는 모세의 출애굽, 이집트에서 노예생활하다 광야로 나와 고생고생하며 신께서 주시는 젖과 꿀이 흐르는 땅, 가나안을 꿈꾸었던 것 처럼 , 이스라엘민족과 우리민족 처지가 너무나도 닮다보니, 우리민족도 그런 가나안을 꿈꾸며 만주벌에서 연해주에서 손발이 얼면서도 독립투쟁을 했었다 싶습니다.

저는 사실 이념이나 사상, 이런거 잘 모릅니다. 그러나 저는 저의 어머니를 보면서 한가지 짐작되는바가 있습니다. 이북이 고향이신 어머니는 당신 어린시절 외삼촌들과 나물캐다 호랑이 나온다해서 혼비백산 도망치던 이야기, 외할머니가 가지고 와 만들어 준 생선 얘기,제 외증조모께서 술 한 잔, 딱 한 잔만 하신다고 하며 큰 대접에 술 자셨던 이야기, 그리운 고향얘기하실 때는 즐거워하시다가도 제가 넌짓이 가보고 싶지않으세요?하고 물어보면

"그 옛날의 고향이야 가고싶지" "한데 지금처럼 공산당이 있는 고향은 안가!"하십니다

일본에서 몇 개월만 있어도 한국에 가보고 싶어 일년에 두 세번은 서울에 가는 저 같은 사람은 가끔 어머니가 놀랍습니다.

왜? 갑자기? 어머니 얘기?하냐고요 깡패 아저씨들 하면 떠오르는게 저는 "어머니"입니다.

동경에 이런 아저씨들 많이 있는 동네의 식당이름이 하나같이 "오마니" "오무이" "엄니"등등 어머니 일색입니다.

가난한 유학생시절(물론 지금도 가난하지만..)술집에서 그릇이며 글라스 닦는 아르바이트 할 때 이 야쿠자 아저씨들이 기세 좋게 놀러 왔다가 되도 않는 발음으로 한국노래 몇 곡 부르고 아버지, 어머니 부르다 선글라스 안쪽에 눈물이 흐르는걸 몇 번이고 몇 번이고 봐오다보니 이제는 아예 그렇게 인식이 굳어져 버렸습니다.

그 때 그형님들 잘 계실려나...?

제20대에 40대 중반이셨던 분들이니 이제 다들 할아버지네요

그 때 그 꼬맹이가 50을 훌쩍넘겼으니 80이 다되어가시겠네요

모두 건강하시고 만에 하나 그토록 사랑하시던 부모님곁에 가셨으면 차별없는 곳에서 늘 평안하소서....

내가 산을 향하여 눈을 들리라

나의 도움이 어디서 올까

나의 도움은 천지를 지으신 여호와에게서로다

시편 121장1절~2절

한류

일본에 살면서 몸으로 체감하는 삶의 터전. 일본과...

잠시 며칠간 관광버스 타고 차창을 통해 보이는 일본은 조금 다를 것이다. 관광 와서 군이 출퇴근시간의 만원 전차를 타볼 일도 없을 것이고 매일같이 집 앞에 와서 오토바이 배기음소리로 연주하는 폭주족과 싸울 일도 없을 것이다

처음 일본 와서 한 신문배달 아르바이트. 뭐가 뭔지 전혀 모르는 백지상태이니 몸으로 때우는 단순한 일 밖에 할 수가 없었다. 그래도 주위에 있는 배달원 모두가 일제(日製)(?)이니 일본어공부는 되겠다 싶었는데. 이 배달 일이란 게 그다지 시간이 많이 나지를 않았다. 새벽 2시에 일어나 보급소 한구석에서 광고전단지를 껴 넣는 일명 찌라시 작업으로 시작해서 배달 마치고 돌아오면 6시남짓, 부랴부랴 아침밥 먹고 일본어학교에

갔다가 다시 돌아와서는 석간 돌리고 월말이면 수금까지 해야 하니 도무지 같은 공간에 사는 친구들에게도 말 한마디 건넬 수가 없는 것이다. 이런 다람쥐 쳇바퀴도는 생활도 몇 달을 하다 보니 조금씩 요령도 생기고 체력도 붙어 어느덧 조금씩 짬이 나기 시작했다.

그리 긴 시간은 아니었지만 학교 가기 전 삼십 분 정도에 커피나 녹차 한 잔 하면서 이런저런 얘기를 하는 것인데 학교에서 배운 일본어 문법과 단어를 동원해 말하다 보면 이 친구들이 알아듣고 답을 해주는 것이 너무도 신기했었던 그 시절, 아~~ 이리 더듬더듬하는 내 "일본어"를 알아듣는구나~ 감격이었죠.

그러던 어느 날 아침 티브이에서 북한 얘기가 나오니 대뜸 30대 후반의 보급소장이 여기 정군이 한국 사람인 줄 다 알고 있을 텐데 한국의 수도가 어딘지 아는 사람?

보급소 사람들에게 뜬금없이 질문을 던지는 것이었습니다. 소장의 누나가 가만히 듣고 있다가 "네 놈이 기생관광을 자주 다니면서 뭐 하나 주워들은 게 있는 모양이구나"하며 핀잔을 주니 모두가 와하하 하고 웃는다.

이 가운데 이제 시골에서 고등학교를 갓 졸업하고 도쿄로 진학해서 신문 장학생으로 일하는 여학생 하나가 쭈뼛거리며 "평양" 아닙니까 한다.

혁 평양이라니 얘 뭐야 장난치는 거야?

살며시 그 여자애 얼굴을 쳐다 볼라치니 장난기 없는 진지한 표정이다. 좀 나이가 있는 녀석 하나가 여자애를 쳐다보더니 씩 웃으며

"부신이지요"한다.

"왜 그 유명한 노래있지 않습니까? 돌아와요 부산항에"

"한국의 수도가 부산이니까 그런 노래도 있는 거지요"한다

내가 눈만 뜨고 가만 있으려니까 소장이 황급히 말한다.

"어허 이런 바보녀석들 평양은 북한의 수도이고, 부산은 한국의 남쪽에
있는 항구도시이름이야"

"그럼 수도는요?"

자존심이 상했는지 26-7 먹은 녀석이 퉁명스레 되묻는다.

"서울이다"

"서울이요? 한번도 들은 적 없는 이름인데…"하며

소장의 말이 틀리기를 바라는 눈 빛으로 모두들 나를 쳐다본다.

내 대답이 가장 확실한 답이기에

"소장님 말씀이 맞아요. 서울이 한국의 수도입니다"라고 답하니 모두들
설마 그럴 리가 없다는 표정들이다. 가슴속 한 가운데 어딘가 구멍이 뻥
뚫려 허~전한 느낌이 든다.

그러다 가만히 생각하니 아니 뭐 이 딴 것들이 다 있나 싶었다. 가소로운
것들. 옆나라의 수도도 모르는 놈녀들(?)이라 생각하니 한심스럽다가, 한
편으로 우리나라의 국력과 이미지가 얼마나 형편없이 각인 돼있길래 이
런 가 싶은 실망감마저 들었다. 이런 분위기 빨리 끝내고 싶어 담배에
불을 붙이고 일어서며(이 때는 담배를 피웠습니다) 우리나라보다 좀 덜

알려져 있는 먼 나라의 수도를 물었다. "그럼 몽골의 수도가 어딘지 아십니까?"

이역만리 먼 나라의 수도를 알리 가 없겠지 싶어 질문 던지고 빨리 이 분위기를 파장내고 자리를 뜨려는 찰라

"울란바토르"

"울란바토르"

놈년이 동시에 대답한다

이런 C8⋯.

"…"

1998년 대통령과 우리나라 톱스타들이 함께 일본 티브이 광고에 나와 한국에 놀러 와 다이나믹 코리아를 즐겨보라고 웃으며 말을 할 때에도 그 사람들이 누군지조차 관심 없어 하던 일본이었다. 원래부터 일본사람들은 그런가 보다 하는 새 몇 달이 흘렀다.

일본 극장에 정겨운 얼굴들과 함께 "쉬리"의 포스터가 걸렸다. 반가운 기분에 비싸지만 기꺼이 영화 표 사 들고 들어갔다. 총소리 난무하는 가운데 피어나는 남남 북녀의 사랑 이야기가 흥미진진했다. 이런 정도의 영화라면 일본에서 대박이 날 것 같았다. 얼마간 주변 사람들이 영화 쉬리가 재미 있다며 한국에 대한 호감도가 높아져 가는 것이 느껴졌다. 하지만 그 여파는 그리 얼마 못 가 다시 예전과 같이 되어 버렸다. 그래도 불씨는 남아있어 온기를 느끼기에는 충분한 정도였다.

평소에 검소하고 아껴 쓰는 일본인들이기는 하지만 그 무렵 일본 경기는 다른 때보다는 좋지 않았고, 대부분의 방송 프로그램이 젊은 층을 위한 버라이어티나 그런 연령층이 관심 있어 하는 드라마가 대부분이었다. 경기가 안 좋아지면 제일 먼저 나이가 있는 중년층들이 지갑을 닫아버리는 것은 어느 나라나 어떤 시대 다 마찬가지이다.

유행과 트랜드 등에 민감한 젊은 층 만이 돈을 쓴다. 기업들은 이러한 소비패턴을 주도하는 젊은 층을 공략 하려다 보니 티브이에는 중년의 부인네들이 볼 만한 것이 없었다 (어차피 아저씨들은 티브이 볼 시간도 별로 없고 그럴 시간이 있어도 대부분 맥주 나 청주 한 잔 하는 쪽을 택하다 보니)

이 무렵 갓 뜨기 시작한 초기 한류 붐을 타고 후유 소나타라는 이름으로 "겨울연가"가 2003년 NHK 위성방송인 BS2를 통해 방송되어진다, 첫 전파를 탄 이후 주시청자 층인 주부들 간에 입에서 입으로 입소문을 타고 연일 화제거리가 되더니 급기야 예상치 못한 인기와 반향에 힘입어 재방송되어지고 드디어 지상파 방송을 통해서도 보고 싶다는 열화와 같은 시청자들의 요청에 의해 마침내 2004년 NHK지상파 전파를 타고 일본 전국으로 전송되어진다. 배 용준 최 지우 주연의 겨울연가가 조용한 가운데 일본 안방에 한류의 불을 지피게 된 것이었다.

겨울 연가의 인기는 실로 대단하여 최종회까지의 평균시청률이 동경권에서 20.6 퍼센트, 오사카권에서 23.8퍼센트에 달했고 일본내에서 경제적 효과가 1,225억엔에 이르렀다 한다. 이 대단한 배 용준씨가 사실은 저와 같은 동네인 천호동 출신이어서 더더욱 정감이 가는 것도 인지상정이지요.

천호동 리치몬드 빵집에 무지 잘생긴 친구가 있다는 소문 때문인지 빵집에 늘 여자손님이 바글바글 대고 그 주변 남자들은 부글부글거렸던 그 시절… 어느 날 갑자기 이 드라마 한 편으로 일본이 전부 친한파로 바뀐 것 같다는 느낌마저 들었지요. 길을 걸으며 옆 사람과 대화를 나눌라치면 어디선가 나타난 아주머니나 여고생들이

"안뇽하시므니카"
"한구우쿠 사라므이므니카?"하며 다짜고짜 인사를 하는 통에 처음 얼마간은 뭐가 뭔지 어리둥절했었지요.
아마도 이 무렵부터 거리를 걸으며 한국말을 해도 크게 눈치보지 않아 되

었던 것 같았습니다.

아~ 위대한 우리조국, 우리 욘사마 배용준~

아무튼 모르는 동네 동생 덕분에 사람대접도 받고 여기저기 생기는 한식집, 분식집으로 고국의 맛도 맘 편히 즐길 수 있어 좋았습니다. 나중이라도 시간 나면 부부동반으로 북해도 오셔서 같이 시원한 맥주라도 나누고 싶네요.(이거 진심)

그런데 말입니다.

처음엔 몰랐는데 우리의 스타 배 용준씨를 "욘사마"라 부르는 것에 약간의 의아심이 생기게 되어 버렸습니다. 젊은 날의 순정소설 주인공 같은 외모의 우리의 미스터 배에게 존칭이나 극존칭을 붙여가며 애칭으로 부른다는 것에 누가 뭐라하겠으며 무슨 할 말이 있겠습니까?

그런데 말입니다.

조금만 일본어를 배웠거나 일본어를 아시는 분이라면 좀 의아해지는 것은 사실일겁니다. 일본어학교 다닐 때 분명히 사마는 "도노사마"殿さま 라던지 "단나사마"므那さま라고하며 상대방을 최대로 높이는 극존칭이고 직책이나 성(姓)뒤에 붙는다고 배웠었는데 우리의 미스터 배에게는 성이 아닌 이름 뒤에 그것도 중간자 "용"에 "사마"라는 존칭을 붙였는가 하는 것이었습니다. 혹시라도 내가 모르는 뭔가 있는 게 아닌가 싶어 일본어 선생님이나 연예계 소식에 관심이 많고 정통한 분들에 물어보았습니다. 의외로 일본사람들도 관심 없는 사람들은 뭐가 뭔지 잘 모르더군요.

"배"는 일본어로 방귀를 뜻합니다. 지금이야 고유명사가 되어 버린 "욘사마"라는 애칭은 배용준씨 팬클럽에서 붙인 이름이라 알려져 있습니다. 일본인입장에서 아무리 외국인이라고 해도 자기네들 말로 "방귀"라는 뜻을 가진 "배" 라는 소리에 애칭을 붙이자니 좀 뭐했던 것이죠.

특히나 욘사마에 대한 애정이 각별했던 오사카를 중심으로 한 관서지방에서는 방귀도 등급과 종류가 정해져 있어 부르는 이름이 달랐다.

방귀는 일본어 표준말로 오나라おなら.

구어체나 관서지방에서 많이 쓰는 말로

헤へ

베べ

빼ぺ

이다. 좀 젊은 친구들이 쓰는 말이긴 하지만 부언설명을 하면

1단계 방귀 "헤"는 뿌-옹 내지는 피-식하고 소리가 났는데 냄새가 나지

않는 방귀고

2단계 방귀 "베"는 뿌-옹 또는 피-식하고 소리가 나고 냄새까지 나는 방

귀" くさいぺ

3단계 방귀 "뻬" 는 아무 소리 안 났는데 아우슈비츠의 독가스모양 숨이

막힐 정도로 진하게 다가 오는 방귀를 "뻬" 라고 한다네요.

근데 참기술도 좋아요.

이런 센 방귀는 꼭 엘리베이터 안이나 만원 버스, 지하철에서 미동도 없

이 표정 변화도 없이 아주 살짝만 터뜨리는 인간들이 있으니 말입니다…

자 이제 정리 들어갑니다.

유성무취 방귀는 헤

유성유취는 배

유성독취는 뻬 보통은 "스카시 뻬"すかしぺ 라고 하는 말인데

줄여서 "뻬"

일본사람 말에 그만 우리의 미스터 배의 성이 걸리고 만 것이죠. 어디까

지나 이것은 분명한 성(姓)차별인데 그 누구도 짚고 넘어 가는 이가 없네

요.

하기야 본인도 아무 말을 안 하니 더더욱 할 말은 없지만요…

아무튼 문제의 발단은 신라 육부족 중에 하나인 명문가 성씨인 "배"씨 발음이 일본에서는 "방귀"라는 데 문제가 있는 것이었습니다.

이래서 처음은 중요한 것인가 봅니다.

욘사마 이후 한류스타는 한결같이 성이 아닌 이름의 첫 자로 애칭이 붙게 됩니다. "빈 사마"는 원 빈씨

"근 짱"은 장 근석씨

"병사마"는 이 병헌씨

여기에 여자까지도 최 지우씨는 "최 히메"가 아니라 "지우 히메"가 되어버리고 맙니다. 아무튼 겨울연가의 흥행 대성공에 힘입은 한류의 불씨는 점점 거세어지더니 거대한 불꽃 쓰나미와 같이 일본 열도를 다 태워버릴 기세로 다가왔습니다. 그중 대표작이 바로

"대장금"

어린 장금이가 "저는..제 입에서는 고기를 씹을 때…
홍시 맛이 났는데…어찌 홍시라 생각하였느냐 하시면
그냥. 홍시 맛이 나서 홍시라 생각한 것이온데…

저는 대장금 하면 항상 이 부분이 제일 먼저 떠오릅니다 … 생각하고 말하는 것이 아니라 자기 입맛에 홍시 맛이 나니 홍시 맛이라고 하는 타고난 미각의 소유자. 우리나라 사람들은 뭔가 처음부터 남다른 재능이나 능력을 소유하고 남에게 싫은 소리 안 하는 이런 류의 사람들을 좋아하지요. 그런데 일본에서는 보는 관점이 조금 달랐던 모양입니다. 아시는 대로 "대장금"은 조선 중종 때 의녀로 임금님의 주치의였다 하지요.
드라마에서 이 영애씨가 분한 장금은 "서"씨 성을 가지고 수라칸 궁녀가 되었다 나중에 의녀가 되는 입지전적인 인물로 묘사 되어있습니다. 사실 그녀의 성과 본관조차 확실치는 않다고 합니다만 어쨌든 드라마는 이 영애씨의 열연으로 대성공을 거두고 일본의 안방으로 넘어오게 됩니다. 그런데 이 드라마가 처음 일본으로 올 때 제작진들이 좀 고심을 했던 부분이 바로 타이틀명 "대장금"이었다 합니다.
우리에게야 "위대한 장금"이나 "대단한 장금"정도로 큰 부담감없이 해석되어지는 이 이름이 일본에서는 다이쵸우킹(大腸菌)이라 읽히며 뜻은 "대장균"이 되어 버리고 맙니다. 드라마의 제목이 의도치 않게 일본어로는 병균이름이 되어 버리니 어울리지않는다 싶어 다른 이름으로 바꾸고자 담당직원들에게 드라마 DVD를 복사해서 나눠준 모양입니다. "자 여러 분들 이 DVD를 가지고 가서 집에서 살펴보시고 이 드라마의 핵심을 뽑 아와 주십시요"

"많은 분들이 공감한 부분을 제목으로 정하고자 하니 열심히 살펴봐 주 십시요"

높으신 분의 지엄한 명(?)을 받았으니 죽기살기로 살펴봐야 하지요.

남들이 다 OOO이라고 했는데 자기만 ***하면 이건 회사 짤리는 지름길이 기 때문, 가족들 또한 남편과 자식 또 아버지의 무사 안녕이 걸린 일이니 시간만 남으면 보고 또 보고 시간이 없어도 내서라도 보고 또 보고, 내놓 은 결론으로 이 드라마의 핵심은 바로 이거라 합니다. 어린 장금이가 어 머니와 함께 관군에 쫓겨 도망치다 어느 산중에서 그만 장금 모친이 화살 에 맞고 어느 이름모를 동굴에서 숨을 거두게 되는데 이때에 어린 장금이 의 손을 부여잡고 남기는 유언이 "장금아 너는 꼭 수라칸 궁녀가 되거라" 였고 어린 장금이는 이 어머니의 유언대로 평생을 수라칸 궁녀가 되기 위 해 노력했고 나중에는 의녀까지 이르고 대략 43-5살 죽을 때까지 어머니 의 뜻을 지키며 살았던 그 마음, 그 어머니를 향한 장금이의 마음 속 약속 인 맹세야 말로 이 드라마의 핵심이라고 보았다 합니다. 그래서 드라마 제목은 자연스레 장금이의 맹세チャングムの誓い. 대부분의 일본인들은 이런 류의 흐름을 좋아하는 것 같습니다. 우리가 보통 어린이 우주만화

영화로 알고 있는 마쓰모토 레이 감독의 "은하철도999"도 사실은 불교 법화경의 내용을 각색해놓은 것이지요.

999는 용의 비늘숫자

강물을 범람시켜 사람들을 고생시키는 사나운 용을 말로 만들고 천축국으로 길 떠나는 삼장을 철이로, 철이 옆에서 어려울 때마다 도움을 주는 메텔은 문수보살…

자 이렇게 해서 드라마는 대성공을 거두고 일본에 한식 붐을 일으키기까지 한 새로운 역사를 써 나간 드라마가 대장금이다. 이렇게 끝났으면 참 좋으련만 그리 간단하고 녹록치 않은 게 세상사입니다. 또 한 번 꼬이는 것이 바로 대장금의 주제곡

오나라 오나라 아주 오나
가나라 가나라 아주 가나
나나니 나려도 못노나니
아니리 아니라 아니노네

구수한 우리네 곡조에 옛 궁녀들이 임금님을 향한 마음을 표현한 조금은 서글픈 가사의 노래인데 여기에도 문제가 있는 것입니다. 바로 첫 대목의 오나라

앞서 언급했지만 일본어 방귀는 "오나라"

우리 귀에나 오세요 오세요란 뜻이지 일본사람들 귀에는 첫 대목부터 방귀 방귀…하는 방귀 타령인 거죠.

그렇다고 드라마 주제곡까지 어떻게 한다는 것은 드라마 전반에 걸쳐 몇십번씩 나오는 드라마의 흐름을 깨뜨리는 일이 되니 이 부분은 어쩔 수 없이 손대지 못하고 나가게 되었지만 듣는 일본인들은 도대체 이게 무슨 뜻인지 무지 궁금했던 모양입니다. 제가 이 주제곡 설명을 한 것만 아마 백 번은 넘지 않았나 싶네요.

여행사일을 주로 하던 때인지라 이 때에 만났던 어느 나이 지긋한 호텔 영업부장께서 한 말에 가끔가다 웃곤 하는데

"정군 요즘 우리 일본은 한국산 방귀 앞에서 맥을 못 추고 있다네. 욘사마의 베(중간 방귀) 대장균의 방귀 말일세 하하…"

방귀 두 방에 일본이 이리 흔들렸으니 이제 앞으로 오줌 똥 나오면 일본은 춤 출테지요. 하지만 무슨 일에도 수순이 있는 법이지요. 전 사실 일본에 송중기씨의 태양의 후예가 들어와 큰 붐을 일으킬 줄 알았습니다. 하지만 너무 인기에 들뜬 나머지 실수를 한 건지 아니면 생각이 없었던 것인지 모르지만 너무 일찍 군함도라는 영화에 대한 이야기를 터트렸다 생각합니다. 어차피 안 해도 될 이야기였다고도 싶고요.

먼저 중국에서 대박이 났으니 그 여세를 몰아 일본에서도 방송전파를 탔다면 오랜 시간 지근지근 불붙는 일본의 특성상 아직도 송중기씨 인기는

대단했을 것으로 봅니다.

전 아쉬운 게 너무 많은 거 같아요.

학교 다닐 때 공부 안한 거,

훈련소때 못 먹었던 보름달

우리가 빛을 발하면 **한류(韓流)**

우리가 빚을 내기 시작하면 **한류(寒流)**

우리가 아무 능력없이 헤메이게 되면 **한류(恨流)**가

우리를 둘러쌀 겁니다.

나는 우리나라가 세계에서 가장 아름다운 나라가 되기를 원한다.

오직 한없이 가지고 싶은 것은 높은 문화의 힘이다.

백범 김구

욕

바카야로(馬鹿郞)

"야이 개새끼야!"

"염병할 새끼"

"오라질 놈"

"육시랄"

"호로새끼"

다소 격한 표현입니다. 아시는 대로 우리네 욕입니다. 이것 말고도 더 많으면 많았지 적지는 않을 것이라 생각되고, 다른 나라도 다들 고만고만한 욕지거리는 있을 것입니다. 또 그대로 그렇게 일상(?)에서 자주 쓰고 있으리라 봅니다.

외국의 욕으로

영어의 선 오브 비치(son of a bitch!)

중국어의 왕빠딴(王八蛋) 등이 영화나 소설책 등을 통해 많이 알려진 욕이라 그리 어렵지 않게 들을수(?) 있습니다.

이런 욕 중에서도 우리의 욕은 크게 세 가지로 구분되어져 혈연관계와 전염병 그리고 죄를 짓고 벌을 받는 형벌형태가 주종을 이룬다 합니다.

"개새끼야!"

욕을 듣는 당사자야 어차피 누군가의 새끼이니 그 부분이야 그다지 신경이 안 쓰이지만 앞에 '개'를 넣어서 아버지나 어머니를 '개'로 만들면 도저히 참을 수가 없게 됩니다. 하여 눈 앞에 있는 다른 '개'를 향해 돌진하고 물고 뜯고 걷어차는 불상사가 벌어지기도 하지요.

우리의 혈연중시 문화는 사실 역사를 통해서도 잘 알다시피 선조 임금이나 영조 임금처럼 그 모친의 신분이 낮으면 비록 임금일지라도 조정대신들에게 얕보이게 되었던 것이죠.

임금이 이런 지경인데 일반 서민은 오죽이나 했겠습니까? 안 봐도 훤하지요.

"염병할"

변변한 약조차도 없던 시대에 집안 식구 중 누군가 한 명이 전염병에 걸리기라도 하면 병져 누운 사람 치료하다 어머니 들어 눕고, 아버지 들어 눕고 종국엔 그만 온 집안 식구가 다 감염돼 집안식구가 하나 둘씩 다 죽어간다는 욕입니다. 듣기에 섬뜩한 욕입니다.

가족 중 누구 하나가 기분좋게 해외여행 갔다 에볼라나 메르스에 감염되어서 왔다가 갑자기 기침이 나고 오한이 난다며 누워 쉽니다. 사정 모르는 가족들은 감기 몸살이라 생각하고, 같이 밥 먹고 자다 다같이 감염되는 경우입니다.

생각만해도 끔찍하네요

아직 제대로 듣는 약도 없는데…좀 섬뜩하지요

"오라질 놈"

집안식구 다 역적으로 잡혀 굴비 엮듯 엮어 사형장으로 끌려가 망나니 춤판에 목이 댕강댕강 잘려 나가는 모습이 그려지는 욕입니다.

조선시대에는 노들강변의 새남터와 지금 창신동인 당고개, 서소문밖 네거리 그리고 대역죄인을 처형했던 무교동 일대(모전교 다리위)에서 말입니다.

"육시랄 놈"

육시(戮屍) 국가반란죄 등의 큰 죄인들이 국문 중에 죽게 되면 죽은 시체
라도 목을 베는 형벌을 가했는데 이것이 바로 "육시를 당할 놈"이란 뜻으
로 육시랄 놈이란 욕이 된다. 조선 세조 때 사육신의 한 명인 박팽년이 바
로 이 육시를 당한 사람이고, 마지막으로 육시를 당한 사람으로는 갑신정
변(1884년)의 3일천하로 유명한 김옥균이다. 특히 김 옥균은 정변실패
후 일본에 망명하여 오카사와라(小笠原)와 북해도에서 망명생활을 해 이
런 저런 이야기거리를 많이 남겼다.

삿포로 마루야마에서 살며 후라노로 낚시여행도 떠나고, 류마티스 치유
를 위해 떠난 하코다테 온천에서 만난 미녀 기생 스기타니 타마(杉谷 玉)
와의 러브스토리가 전해집니다. 어쩌면 김 옥균은 최초로 북해도를 여행
한 한국인이지 않았나 싶네요

우리의 이 세 가지 타입의 욕 중에서도 특히나 유교적인 전통으로 혈연관
계를 중시하는 우리네 정서위에 각 지방마다 고유의 방언으로 만들어지
는 욕은 가히 예술적이다 싶을 정도입니다.

경상도 지방의 "호로새끼"는 아버지가 누구인지 모르고 태어난 아이 즉
엄마가 홀로 낳은 아이, 사생아를 뜻합니다. 어찌 보면 불쌍한 아이인데,
성리학 기조의 엄격한 규율을 중시하는 우리네 유교적 사회분위기에서

는 도무지 미래가 보이지 않는 불행의 씨앗이었기에 이런 류의 욕도 만들어졌다 싶습니다.

여기에 한술 더 떠서 똑 같은 아이라도 아이가 함경도 쪽에서 태어나면 "간나새끼"가 되어버립니다. 간아(姦兒) 간음할 간(姦), 아이 아(兒)가 두음법칙에 의해 발음하기 쉬운 간나(姦兒)새끼가 됐습니다. 이는 곧 간음해서 태어난 아이, 또는 강간당해서 태어난 아이를 뜻하는 말입니다.

거기에 한 술 더 떠 한 번도 아니고 두 번 당해서 낳은 아이인 쌍간나(雙姦兒) 종간나 새끼, 종쌍간나 새끼까지 있는 걸 보면 우리민족의 새끼 사랑하는 마음이 엄청나단 생각이 듭니다

자신의 능력이나 의지가 아니라 태어나면서부터 나쁜 놈 과 귀한 분으로 나뉘어 지는 것이 우리네 정서였다 싶으니 못내 아쉬움이 남는 부분입니다. 진(秦) 나라 망국에 한 몫 한 진승(陳勝)과 고려 만적(萬積)이 내건 캐치프레이즈(catchphrase)가 떠오르네요

"王侯將相寧有種乎" wanghoujiangxiang ning you zhong hu
"왕후장상의 씨가 따로 있다더냐"

저는 그다지 믿음이 깊지 못한 딴따라 예수쟁이입니다만 뜬금없는 생각으로 이천여 년 전에 예수께서 하늘에서 지상으로 내려오시려 했을 때에 저 동쪽 끝에 있는 제일 먼저 해 뜨는 아름다운 나라에서 태어나 볼까 작

심하셨던 것 같았습니다.

하지만 우리네 속내를 들여다보시곤 조용히 생각하시길
"사람들도 착하고 똑똑하고 산수도 좋고 다 좋은데 저기서 태어나면 평생 간나새끼 소리나 들어 가며 무슨 일을 할 수 있겠냐"
싶어 마지못해(?) 이스라엘로 가신 게 아닌가 하는 생각을 해봅니다...
(아님 말고)
도대체 우리민족은 무슨 응어리(恨)가 이리도 커서 이런 욕들을 해대며 살았는지… 못 먹고 못 살다 보니 그저 마음속의 응어리 그저 이리 입에 담는 것으로 풀어버리려 했다 싶으니 마음 한 켠이 허전해지고 아립니다.

이런 우리네와 별반 다를 것 없어 보이는 일본엔   어떤 욕이 있는지 뒤적여보니 의외다 싶을 정도로 욕설이 없음에 사뭇 놀라게 됩니다.

기껏해야 칙쇼(畜生), 고노야로, 바카야로(馬鹿野郎)
그나마도 칙쇼 정도는 욕이라 할 수도 없는 정도였습니다. 바느질을 하다 실수로 손가락을 콕 찔렀을 때 나오는 가벼운 말 우리말의 "제기랄" 정도의 말, 그나마도 대상은 남이 아닌 자기 자신에게 하는 정도입니다.

귀여운 손자나 강아지가 재롱을 피우는 것을 보며 할아버지가 손자에게

혹 강아지에게 한 마디 던지는 "고노야로"(요녀석)이 욕은 아닐 것입니다. 우리말 "아이구 귀여운 내새끼"정도일 것입니다.

결국 욕이란 것은 저주나 비난의 대상이 존재해야 하는 것이지요. "바카야로"는 분명히 저주와 비난의 대상이 존재합니다. 결국 욕 다운 욕은 "바카야로" 하나였음에 적잖이 놀랐습니다.

바카야로라는 일본욕이 기록에 등장하는 것이 카마쿠라 시대(鎌倉時代 1192-1333) 말기라 합니다. 다들 아시겠지만 어원의 속설로 많이 설명되어지는 것이 중국 고대국가인 진(秦)나라의 환관 조고(趙高)의 이야기인 위록지마(爲鹿之馬)입니다.

중국의 춘추전국시대(春秋戰國時代)를 끝내고 한 나라로 통일한 사람이 진시황(秦始皇) 이고 그는 승상 이사(李斯)와 더불어 강력한 중앙집권체제를 확고히 하며 화폐와 도량형을 통일하였죠.

그 진시황이 49살, 다섯번째 순행(巡幸)길에 막내아들 호해(胡亥)를 대동하고 길을 떠났다가 그만 객사를 하고 불귀의 객이 되고 만다. 이 때에 환관 조고(趙高)가 황제의 죽음을 은폐하고 호해를 왕으로 삼으려 큰아들인 부소(扶蘇)에게 거짓조서(詔書)를 보내어 자결케 하고 국방을 책임지던 몽염(蒙恬)을 잡아들인다.

황제가 되고 난 후 호해(胡亥)는 아버지가 만든 아방궁에서 환락에 빠져 모든 정사를 조고에게 맡겨 버립니다.

이 와중에 조고는 황제의 측근이거나 충성스러운 자들을 가려내고자 하여,어느 날 사슴새끼 한 마리를 호해에게 바치며 너스레를 떱니다

"여기 이 말은 명마(名馬)의 새끼라 크면 필시 명마가 될 것이오니 황제에게 바칩니다"

호해가 아무리 봐도 사슴 새끼이지만 킹메이커인 조고의 말이므로 무시하기 어려워 조심스레 신하들에게 물어보고자 한다. 대부분의 신하들이 조고의 위세가 대단하므로 대부분이 말(馬)이라 하고, 몇몇만이 사슴(鹿)이라고 하니 조고가 속으로 황제보다 나를 더 두려워하는구나 하고는 황제의 물음에 사슴이라 답한자들을 하나씩 모두 제거해버렸다.

주인 아닌 자가 주인 행세를 하니 여기저기 이런저런 문제가 생기게 마련, 진승과 오광의 난 같은 반란도 일어나게 되고, 여기에 유방(劉邦)과 항우(項羽) 같은 영웅들이 일어나니 나라는 걷잡을 수없이 혼란에 빠지고 맙니다.

이 와중에 유방의 군대가 함양(咸陽)인근까지 밀고 들어오자, 조고는 호해를 겁박해 자결케 만들고, 자신이 직접 황위에 오르려 했으나 조정의 반대로 뜻을 이루지 못하자 부소의 아들이라고도 하는 "자영"에게 왕위

를 잇게 한다. 지영은 왕위에 오르고 46일만에 유방에게 항복을 하는 비운의 왕이나, 조고를 제거하는 등 나름 진나라 황실을 되살리기 위해 노력을 다합니다. 하지만 이미 대세가 기울어 더 이상 어찌할 바를 모르고 유방에게 투항을 하니 유방은 자영을 죽이지 아니하고 가두는 연금(軟禁)만 한다. 이에 천하의 패권을 쥐고자 했던 항우가 40만 대군으로 10만의 유방을 치려 하므로, 유방은 이를 홍문연(鴻門宴)의 꾀로 벗어난다, 이 후 항우는 함양으로 진격하여 자영을 죽이고 궁궐을 불태우고 만다.

"대소신료들과 수염 안 난 자들은 다 목을 베고 효수를 하여라!"

이 때에 환관들에 대한 그의 적개심이 엄청났던 모양이다, 궁궐에 있는 모든 환관들의 목을 치고, 효수한 그 목에 "위록지마"라는 푯말을 써넣게 했던 모양인데 문제는 효수된 목이 너무 많아 그만 푯말이 부족해지다 보니 위록지마라는 글자중에 두 자만을 따와 "마록(馬鹿)"의 글자만을 푯말로 부치게 되었다 하고. 이 말이 후세에 사슴을 가리켜 말이라 하는 "줏대 없는 자"라는 욕이 되어졌다 한다.

사마천의 "사기(史記)" 진시황 본기에는 그저 간략히 항우가 자영과 왕족을 살해한 후 함양의 백성을 살육하고, 궁궐을 태우고, 백성들의 자녀들을 사로잡고, 귀한 보물과 재산을 빼앗아 제후들과 나누었다고만 되어져 있는데 도대체 어느 부분에서 이런 이야기가 시작되는지는 도무지 나오지 않는 걸 보면 후세의 입담 좋은 누군가가 만들어낸 이야기로 보여지지만 저는 이 쪽이 왠지 스케일도 크고 짜임새가 있어 좋습니다.

사실 정설로 알려진 것은 산스크리스트어(梵語)로 "바카"는 무지한 자 또는 혼돈스런 상태를 나타내고 이 말에서 온것이라는 설입니다. 욕의 종류와 정도와는 별개로 욕을 자주 하는(?) 우리네와 욕을 별로 입에 담지 않는 일본에서 살아본 바 우리는 걸죽한 욕을 한 바탕 해대고 설사 멱살잡이까지 했다 치더라도 며칠 뒤 전화 한 통화해서 사과하고 치맥이라도 하며 서로의 기분을 쉬이 푸는 것이 가능한 아니 당연한 수순입니다. 우리네 욕은 어쩌면 자신의 감정을 그대로 드러내는 어떤 '요구'의 거친 표현으로 이해되고, 일본의 욕은 서로가 조심하고 조심스럽지만, 또 참고 참다가 도저히 참지못하는 상황에서 숨이 끊어질 때 내뱉는 비명 바로 단말마(斷末摩) 라는 생각이 듭니다.

그 분위기는 마치 사무라이가 참고 참았던 분노를 뻥하고 터뜨리며 휘두르는 일본도 같이 차갑고 섬뜩한 것입니다. 그 동안의 모든 관계를 단칼에 베어버리는 고함이요 기합소리같은 것이 바로 "바카야로"일 것입니다.

일본 욕 바카야로(馬鹿郎)를 간단히 정리해보면 상황에 따라 이리 저리 흔들리는 우리네 약한 심성에 생사를 눈앞에 두고 경거망동을 하면 안되는 분위기와 그 가운데 생겨난 칼의 문화에 걸맞는 일본식의 욕이라 할 것입니다. 에도 후기에 만들어신 법이긴 하지만 관(官)과 민(民)의 지켜야 할 규범을 정해 놓은 법이 바로 公私方御定書(구지카타오사다메)입니다. 이 법에 한 귀퉁이에는 양반의 체면을 구기는 놈이 있으면 그 자리에서 목을 베어도 좋다는 항목이 있다.

일명 切り捨て御免 (키리스테 고멘)

눈만 마주쳐도 칼을 뽑아 드는 분위기속에 감히 막말을 할 수 있었을까요? 이것이 바로 칼의 문화입니다. 거역하면 죽어야 하고 자기의 목소리를 내고 싶다면 죽을 각오를 해야 하는 문화. 실수하거나 실패하면 모두에게서 버림받을 것을 감수해야 하는 문화. 욕이 없는 문화는 이런 무서운 관습이 사회 전반에 퍼져 있는 세상이다 싶지요. 한마디로 세련되고 아주 세련된 사회주의 국가냄새가 나는 관(官)이 주도하는 그리고 전체의 흐름에 말없이 동참해야 하는 "대의"를 중시하는 사회.
바로 일본이다 싶습니다.

우리의 다이나믹하고 신바람 나는 문화는 멋지고 아름답지만 이것에 취해 대충대충, 빨리빨리 문화가 만들어내는 저급함에 네 까짓 게 나오면 얼마나 잘났어 하는 너와 나의 사이가 얇고 나와 우리 사이의 목소리마저 톤이 달라지는 사회정서에서는 한 잔 술에 취한 척, 혼잣말 인척 내뱉는 욕설이 하나씩 둘 씩 번진 것이 지금의 우리네 욕문화 같다는 생각이

들어 조금은 아쉽습니다. 하지만 이 또한 우리네 문화요, 살아가는 지혜 일진데 확 바꾸긴 어렵더라도 조금씩 조금씩 줄여가면 어떨까요?

그러다 보면 재림하실 예수께서는 반드시 우리나라 우리민족에게 오실겁 니다. 이렇게 얘기했는데도 모르는 넘들은 모두

"바.카.야.로".

맥주 이야기

기원전 7,000년전 메소포타미아 지역 수메르인들이 맥주의 여신 닌카시

(ninkashi)에게 바쳤던 술.

어쩌면 인류가 가장 처음 만들어 마신 술, 아마 맥주일 것이다. 물론 이보다 훨씬 전 자연이 만들어준 자연 발효된 과실주는 있었겠지만 곡식을 으깨어 반죽을 하고, 불에 구워 빵을 만드는 과정에서 효모를 이용하며, 알게 된 초기맥주는 첫 맛은 달착지근하고 뒷맛은 씁쓸했을 것이다. 그들은 설형문자로 점토판에 맥주 만드는 법을 기록해 두었는데, 보리를 잘 말린 후 갈아서 빵을 만들고 그 빵을 잘게 찢어 물과 함께 두어 자연 발효가 되도록 하는 초보적인 방법인 것이죠. 이렇게 불리고 끓이고 나면 얼마 후 달착지근하고 씁쓸한 그러나 마시면 행복해지는 노란색 물을 '시카루'라 불렀다 .

함께 자리한 모두를 기쁘게 만드는 묘약 시카루는 맥주의 여신 닌카시에

게 바쳐지며 신과 함께 모두가 행복해졌을 겁니다. 이후 이집트 앗시리아 바빌로니아 등의 농업이 성하고 문명이 발달한 지역에서 맥주는 세대를 이어가며 사람들과 함께 발전해왔습니다.

위도가 높은 유럽지역은 기후풍토에 잘 적응한 포도가 대량 수확되어 포도주 위주의 술이 주종을 이루다 보니 유럽의 맥주는 중세이후 수도원에서 영양보충과 병을 예방하는 약으로서 발전합니다.

석회성분이 많이 함유된 탁한 물맛이 나는 지역을 중심으로 향신료를 쓰기 시작하고 향신료 중에서도 호프 hof를 쓰게 되면 맥주의 맛이 좋아지는 것을 알게 되면서부터 호프는 맥주에 많이 사용되고 그 제조법은 널리 퍼지게 된다.

15세기 이후 도시의 발전과 소상공인 위주의 길드(Guild)의 발달과 더불어 맥주는 양조기술의 진전으로 한단계 업그레이드됐습니다.

여기에 1516년 독일에서는(바이에른 공국 빌헬름4세) 맥주의 맛과 품질에 대한 정의로서 보리, 호프, 물의 세가지 원료만을 써야 한다는 "맥주순수령"이 제정됩니다.

맥주라 하는 말 비어(beer)도 게르만어의 "베오레"(beore), 즉 "곡물에서 얻은 것"이란 말에서 왔다 하니 독일인들의 맥주사랑을 짐작할 만합니다.

근세에 들어 맥주가 비약적으로 발전한 계기는 이미 널리 알려진 프랑스의 세균학자 루이스 파스퇴르(louis Pasteur)의 저온 살균법입니다(라거) 이로서 비교적 장기간 변질되지 않는 맛을 유지하는 현재의 맥주와도 같은 맥주가 나오게 된 것입니다.

이 맥주가 일본에 본격적으로 등장한 것은 메이지초기 노르웨이 출신 미국인 양조기사 윌리엄 코플랜드(William Copeland)가 설립한 스프링 바레 브르와리(Spring Vally Brewery)의 맥주이다. (1870년)

당시 일본의 열악한 환경에서 맥주제조는 상당한 위험부담이 따르는 고위험 사업이었다

아직 맥주 맛을 모르는 일본인을 상대로 하는 블루오션이기도 했지만 미래를 가늠할 수 없는 비즈니스로서 맥주양조는 너무나 큰 위험이었던 것이다.

요코하마의 조차지에 거주하는 소수의 외국인과 맥주 맛을 아는 소수의 일본인들이 대상이라 시장 자체가 적었고, 맥주 제조를 위한 설비와 원료 또한 없었기 때문이었다. 그러나 그는 이런 어려움을 새로운 아이디어로 극복해냈다. 맥주제조용 맥아분쇄를 여울에 흐르는 물을 이용해 물레방아를 돌리고 보리 즙을 냉각시키기 위한 냉동시설이 없어 서늘한 가을부터 봄까지 작업을 하였다.

1876년 파스퇴르가 저온살균법 이론을 발표하자 다음해인 1877년 그 이론을 적용해 실용화 하는 기술자로서는 최고였지만, 경영자로서는 그다지 뛰어나지 못했는지 경영부진으로 1884년에 도산하고 만다.

그 무렵 맥주시장에 대한 기대감과 가능성을 본 외국인들에 의해 스프링

바레 르워리는 우리에게 많이 알려진 나가사키에 글로버 원이라는 별장을 소유하던 무기무역상인 T,B 글로버를 중심으로 요코하마 재류 외국인들이 참여한 "재팬 브르워리 컴퍼니"를 설립한다. 이것이 바로 현재의 기린 맥주의 전신이다. 일본에서의 맥주는 코플랜드에 의해서 알려지고, 또 회사가 도산되면서 많은 양조기술자들이 일본 각지에 유입되면서 각처에 크고 작은 맥주 양조장들이 생겨난다.

바야흐로 일본 맥주산업이 태동기에 접어들게 된 것이다.

그 무렵(1876년) 일본의 자본으로 만든 일본맥주를 만들기위해 정부 차원에서 지원해 설립된 회사가 바로 북해도의 대표맥주인 "삿포로 비-루"이다. 처음엔 "개척사맥주 양조소"라는 이름으로 북해도 개척장관을 겸하면서 중앙 정치에도 참여하고 있던 쿠로다 키요타카(黑田淸隆)의 적극적인 지원속에서 설립됐다. 흥미로운 것은 쿠로다 기요타카가 북해도와 관련해 우리나라와 연관되는 몇 안되는 인물 중 한 명이기도 하다는 점이다.

갑신정변(1884년)이 삼일천하로 끝나고 일본망명길에 오른 김옥균이 삿포로 마루야마에 살 때 그의 후견인이 되어준 인물이기 바로 그다. 쿠로다는 역사 교과서에도 등장을 한다. 바로 강화도조약이다(1876년). 강화도조약은 한국 최초의 근대 조약이며 불평등 조약으로 시험에 빠지지 않고 나오는 사건이다.

이 사건은 운양호 사건으로(1875년) 일본해군 군함 운양호가 무단으로 조선 해안선을 측량하던 중 강화도 난지도에 정박하고 식수를 얻는다는 구실로 초지진 앞바다에 이르러 상륙하려 하자 초지진 조선군이 무단으로 상륙하려는 운양호에 경고사격을 가해 양측간 교전이 발생한다.

이 때 조선군은 700미터 사거리의 대포라고 하기도 어려운 2인치(50미리) 대완구가 무기였고, 일본군의 110미리와 40미리 함포를 보유해 초지진은 순식간에 초토화됐다.

조선군은 35명이 사망, 16명이 포로로 잡혔고 일본군은 상륙작전을 감행한 육전대(지금의 해병대)원 2명이 다리를 삐는 경상을 입은 것이 피해 전부였다.

이로 인해 청국에 대한 주도권을 확보하려는 일본의 속셈으로 관철된 것이 강화도 조약이고 조선의 전권대신으로 위당 신헌이, 일본 전권대신으로는 육군중장 겸 참의였던 쿠로다 키요타카가 계약을 맺었다.

무슨 의도로 조약을 맺는지조차 몰랐던 조선에 비해 일본은 자신들이 미국의 군함외교에 당했던 것과 똑같이 조선에 요구했던 것이다. 쿠로다는 협상장에서 무력시위를 하며 신헌을 압박했다. 빨리 조약서에 도장을 찍게 하기 위해 협박하다 급기야 군도까지 뽑아 들었다고 한다.

쿠로다는 이런 공을 인정받아 후일 총리대신까지 올랐다. 이 무렵 영국인 무기밀매상 글로버가 인수한 기린맥주가 엄청난 성장과 이윤을 남기자 일본 정부는 자국 자본으로 만든 맥주회사를 설립하기로 했다. 이를 위해 북해도 지역의 추운 기후에도 재배가 가능한 보리를 대량 재배하고 삿포로 나에보 인근에 회사를 세운 것이 바로 삿포로 비-루이다.

일본 육군의 장성 출신인 쿠로다가 설립한 회사인만큼 삿포로 맥주 마크
인 별 모양이 일본 육군의 상징인 고보우세이(五芒星)에서 유래됐다는 설
도 있다. 하지만 삿포로 맥주박물관 안내직원의 설명에 따르면 북극성을
상징한다고 한다.

삿포로맥주의 전신인 "대일본맥주"가 1933년 8월에 조선맥주주식회사
를 설립하고 해방 이후 "크라운"맥주를 거쳐 현재 "하이트"맥주의 전신
이 된다.

삿포로 맥주를 만든 이가 우리의 근대사의 한 페이지를 장식하는 인물이
니까 삿포로맥주를 멀리하자는 얘기를 하고 싶은 것이 아니다. 삿포로 맥
주를 맛있게 마시더라도 최소한 연원을 알고 먹자는 것이다. 지금도 홋카

이도 구도청청사 장관(지사) 집무실과 삿포로맥주 박물관, 눈축제와 맥주 축제가 열리는 오오도오리 공원 한 복판에 쿠로다 사진과 동상은 서있다. 현지 사람들은 그가 어떠한 인물인지 알고 있는데 피해자인 우리는 아무것도 모른 채 그저 맥주 맛만 탐닉한다면 바람직한 모습이 아닐 것이라고 생각한다. 상호존중이라는 것은 서로의 힘이 어느정도 대등하고 또 서로가 서로를 잘 이해하고 배려할 때에만 가능한 것이지요. 엄연한 역사를 바라보고 용서하되 잊지 않아야 대접도 받는 것이다. 과거 우리를 통해 무엇이 잘못됐는지 살펴보고 그러한 인식의 바탕위에 자기발전도 있을 수 있을 것입니다.

참고로 쇼와기린 맥주는(1933년) 두산그룹의 창업자라 할 수 있는 박승직이 주주로 있다가 1945년 8월 일본 패전 직후 경영권을 승계 받아 아들 박병두 사장에게 물려주고 1952년 5월 대한민국 정부로부터 정식 불하 받아 동양맥주주식회사로 사명을 바꿔 지금에 이르고 있다. 우리나라 맥주의 시작이 이렇듯 일본 맥주에서 비롯됐지만 우리와 일본의 맥주 맛은 크게 다르다. 세월이 오래 흐른 탓인지, 보리 맛이 변한 건지, 물 맛이 변한 것인지 조금 아쉽기도 합니다. 세계에서 가장 맥주를 많이 마시는 나라 사람들은 체코 사람들로, 일년에 일인당 160리터 정도를 마신다 합니다. 아마 이틀에 한 잔 꼴이다. 우리나라는 년간 일인당 40리터 정도를 마시고 일본 사람들은 년간 일인당 50리터 정도라니 체코사람들은 정말 대단한 맥주광이라 하겠습니다.

일본에 관광 오시는 분들 중 많은 분들이 대체로 일본은 밥맛과 맥주 맛이 좋다고 말씀들 하십니다.

그 맛 좋은 맥주로 인한 에피소드를 하나 소개해드리겠습니다. 다들 아시겠지만 일본에서 맥주는 "비-루"(ビール)라 합니다. 일본어의 음성체계는 아시는 데로 50음도로 구성돼 발음할 수 있는 소리가 적습니다. 그래서 평성음, 장음, 경음으로 구분해서 발음합니다.

이런 구구절절한 사정을 우리야 알지못해도 별 지장이 없어 우리네 발음이 쉬운 쪽으로 사용되어 왔습니다.

꽤 오래전의 일입니다. 코끼리 밥솥과 호텔 화장실 비데에 놀라던 시절 이야기입니다. 부산에서 관광오신 분들과 함께 여행을 다니고 있었는데 일행 중 중년 부부내외가 일본식 식사가 입에 안 맞아 점심 식사에 맥주 한 잔을 했습니다. 그때 맥주 맛이 입에 잘 맞으셨나 봅니다. 첫날부터 온천호텔에서는 온천욕 후에 우유나 맥주 한 잔하시면 갈증없이 주무실 수 있다고 안내해드렸는데, 중년 부부는 온천욕 후에 맥주 생각이 나셨던 모양입니다. 하여 사장님이 부인에게

"자야 니 퍼뜩나가 자판기에서 삐루 한병 빼온 나"

"삐루가 몬데?"

"삐루 모리나?"

"맥주아이가"

"아 그라나"

부인이 방문밖에 엘리베이터 옆에 있는 자판기를 둘러보니 그 가격이 상당히 비쌌습니다. 부인은 호텔 들어올 때 슈퍼마켓에서 비슷한 것을 봤던 기억이 떠올라 거기로 가셨습니다. 일본은 우리보다 빨리 의약 분업화가 돼 병원 앞 문전약국이나 아주 작은 동네약국을 빼고는 대부분 약국이 약 외에 이런저런 잡화들도 팔고 있었습니다.

간판 글자를 못 읽고 (ドラッグ) 외관만 보면 슈퍼마켓으로 착각하기 쉽습니다. 일단 안으로 들어가기는 들어갔는데 도무지 어디에 무엇이 있는지 알 수 없어 점원에게 물었습니다. 아는 일본어 "구다사이"에 조금 전 남편이 가르쳐준 단어를 붙였습니다.

"삐루 구다사이!"

뜻이 통할까 어떨까 반신반의하며 내뱉은 말이었는데, '어랍쇼' 이게 웬일 입니까 점원 아가씨가 환히 웃으며 "하이" 하며 답을 합니다. 연신 웃는 얼굴로 카운터로 안내하며 여러가지를 묻는데 무슨 말인지 모르니 그냥 "하이 하이"하며 계산대로 향했을 것입니다.
점원 아가씨가 카운터 뒤의 약품 선반에서 핑크 빛 종이상자 몇 개를 꺼내며 배시시 웃는다. 처음 일본 여행이고 생애 첫 해외 여행이다 보니 이 부인은 얄궂은 종이 상자를 보고 속으로 생각하기를 "아이고마 일본아들은 기술이 억수로 좋타카더만 맥주도 가루로 맹글어 먹는갑따"싶었습니다. 냉큼 종이박스 두어 개 집어 들고 비싼 값 치르고 나오셨고 호텔 방에서 남편분과 잘 드셨던 것이지요.

…

다음날 아침 식당에서 마주친 이 중년부부는 저를 보더니 대뜸

"봐라 봐라 미스타 정아"

"이리 잠깐 와 본 나"

"예 편히 주무셨습니까 그런데 무슨 일이 있으세요?"

사장님이 거침없는 사투리에 약간은 화가 난듯한 목소리로 말을 건넨다

"일본아들이 얄궂데이"

"왜요?"

"아 그기 말이다"

"보리가루를 팔았으마 "알코올"도 팔아야 안하나?"

"?"

잠시 어려운 설명이 이어졌고 이내 무슨 사태가 벌어졌는지 알게 됐습니다. 일본어를 아시는 분들이라면 이 정도 상황설명으로 무슨 일이 벌어졌는지 아시겠지만 모르시는 분들 위해 설명을 드리면 다음과 같습니다.

앞에도 말씀드렸듯이 일본에서 맥주는 "비-루" (ビール)입니다. 비슷한

발음이지만 짧게 발음하는 비루(ビル)는 건물을 뜻하는 "비루딩구"
즉 빌딩의 약자, 거기에 우리 경상도식의 쎈 발음의 삐루는 (ピル)는 경구
용 피임약 필(Pill)이기 때문입니다. 결국 부인께서는 슈퍼마켓이 아닌
약국에 들어가셨고, 비-루(맥주)가 아닌 삐루(경구용 피임약)을 사 오셨
고 이걸 두 분이 물에 타서 잘 드셨던 것입니다. 당연히 맥주 맛이 안 나
고 그분들 말 대로 쉰 두부 맛이 났던 것이지요.

이 사건을 계기로 저도 한 가지 확실히 알게 된 것은 경구용 피임약

이거 남자가 먹어도 아무 이상이 없다는 것을요.

남녀 공용입니다 ㅎㅎ

신체에 해당되는 기관이 없으면 그 약효는 없는 것 같습니다.

피임약을 과다하게(?) 드신 사장님이 은근 신경이 쓰여서 시간 날때마다
소변은 잘 나오는지, 어지러움 증세는 없는지 등 꽤나 오랫동안 관찰을
해본 결과, 의외로 식욕도 좋아졌고 말도 많은 게 딱히 나쁜 증상은 없더
라고요

다만 효과는 별개고요~

이 맛있는 맥주를 조금 더 맛나게 드시는 방법을 하나 소개해드리겠습니
다. 따르는 방법을 조금 달리하면 보다 맛나는 맥주를 드실 수 있는 쉬운
방법입니다.

    1.제일 먼저 시원하게 히야시(冷やし)…(씨아시 아니예요 ㅎㅎ)잘

된 맥주를 준비합니다. 4-5시간정도 냉장한 놈이 적당하다고 합니다. 여기에 잔도 잘 칠링돼 있으면 금상첨화~

2.병이나 캔을 들고 준비된 세워 둔 잔에 마치 쏟아 붓듯이 들이 붓습니다. 이 때 주의할 점은 무조건 다 들이 붓는 게 아니라 잔의 50% 만 채울 정도로 따르는 겁니다. 반 정도 채우고 따르는 것을 멈추면 그 다음은 자연스레 거품이 일어나 잔을 채우게 됩니다. 처음엔 거품만 보 이다가 조금 지나면 거품 반 맥주 반의 상태가 됩니다.

3.맥주 반 거품 반 이되면 이번엔 잔을 45도 정도 기울여 처음 쏟 아 붓는 식이 아닌 천천히 흘러내리기 식으로 따릅니다. 이번에도 거품 이 많이 생기게 따르는 것이 중요합니다. 처음보다는 거품이 적을지라도 잔 맨 윗부분까지 거의 거품이 넘쳐 올라올 정도까지 따르고 거품이 가라 앉기를 기다립니다

4.거품기운이 잔 아래로 내려갈 즈음에 다시 맥주를 따라줍니다 이때는 아주 조심스레 소량의 맥주를 조금 첨가하는 기분정도로만 따릅 니다. 이렇게 따라서 맥주가 70% 거품이 30%의 비율로 맞춰지면 최적 의 맛을 볼 수 있습니다.

5.먼저 코로 들어오는 맥주의 향(香)을 맡고(Ortho-nasal)

6.거품을 음미하며

7.천천히 입안 가득 넣고, 목을 넘길 때 자연스럽게 치고 넘어가 게 목을 치켜들고 마시면 최고의 목 넘김 맛을 느낄 수 있습니다.

8.이렇게 목 넘김 맛을 느끼고나서 바로 안주를 먹으면 안됩니

다. 목을 통해 천천히 올라오는 맥주의 뒷맛 또한 감동이기 때문입니다 (retro-nasal) 잔에 따른 맥주는 최대한 빨리 마시는 것도 맛있는 맥주를 마시는 요령입니다. 그럴 상황이 아니라면 공기중에 산화를 막기 위해 맥주잔을 덮는 뚜껑이나 코스타 등을 얹어 두면 좋습니다. 그리고 남은 맥주에 새로운 맥주를 섞어 마시면 맥주 맛이 떨어지게 된다고 하니 잔에 따른 맥주는 다 드시고 다시 따라 마셔야 한다고 합니다. (첨잔금지!)

맥주가 편한 술인 까닭은 특별하게 준비하고 거창하게 한 상 차리는 격식 있는 안주 앞에 놓고 마시는 술이 아니기 때문일 겁니다. 마치 우리네 농주 막걸리 같은 고단한 밭일 하며 땀 뻘뻘 흘리다 잠시 새참 때 이마에 땀 닦으며 갈증을 식히는 아주 오래된 에너지 드링크죠.

좋은 맥주는 잔에 따를 때 메소포타미아의 한 낮 뜨거운 노란색 태양과 바람에 흩날리는 하얀 뭉개 구름 이야기를 잠깐 해주고는 사람들의 이야기를 귀담아 듣는답니다.

아내의 속내
남편의 진심
친구의 고민…
좋은 맥주는 좋은 시간을 가져다 줍니다.

그 맛있는 맥주가 차고 넘치는 동네가 바로 북해도이다. 북해도의 관문인 치토세 국제공항에 도착하자 마자 택시 타고 20분이면 갈 수 있는 곳이 기린맥주 공장, 다시 10분정도만 더 가면 삿포로 맥주 공장에도 갈 수도 있다. 게다가 삿포로 시내에 위치한 삿포로맥주박물관과 아사히 맥주 공장도 마음먹기에 따라 얼마든지 갈 수도 있다. 이외에 각각지역의 특산 맥주들이 여행내내 우리의 입과 눈을 즐겁게 해 준다.

언덕으로 유명한 꽃동네 **"비에이 맥주"**
개항지로 유명한 "하코다테 맥주"
유빙으로 만든 아바시리 **"유빙 맥주"**
거기에다 세계 최고급 맥주인 정통 독일식 **"오타루맥주"**

예전에 일본여행 오시는 분들 보면 의례 소주 몇 병씩 가져오셔서 반주로 한 잔 하시거나 낯선 일본땅 어느 한 구석의 호텔에서 알아듣지도 못하는 텔레비전 켜 놓고 지새는 나그네의 긴긴밤을 달래주는 친구 삼기도 했는데 요즘은 호텔 앞 편의점에 쪼르르 내려가 맥주나 호로요이 같은 가벼운 칵테일을 사 들고 잠들기 전 한 두 캔 마시는게 대세이다. 그 중에서도 이곳 북해도는 맥주의 인기가 유독 각별한데 매년 여름마다 펼쳐지는 삿포로 오오도오리 공원의 맥주 축제와 인기관광지화 되어진 삿포로 맥주박물관의 맛있는 맥주가 그 이유일 것이다.

아무리 말을 몰라도 일본 티브이속의 맥주광고를 넋 놓고 들여다보다 보면 젖과 꿀이 흐르는 가나안처럼 마치 북해도의 거리거리마다 보리가 차고 넘쳐, 비만 오면 길바닥에도 맥주가 흐를 것 같다. 게다가 요사이 마트와 편의점 냉장고에 꽉 채워진 제대로 된(?) 맥주를 맛보고 나니 장금이가 아니더라도 어떤 게 제대로 된 맛(?)인지 이제는 말할 수 있게 된 것이다.

드디어 제대로 된 맥주 맛이 어떤 건지 알게 된 것이다!

지상 최고의 맥주
"어디가도 하이네켄이 제일 무난해"
"달달한 에딩거가 최고지"

"칭따오에 양꼬치는 환상이지"

세상에는 이런 애송이(?)들의 맥주 예찬이 가득하다. 하지만 술도 먹어
본 놈이 맛을 아는 법이다. 군대 짬밥 어디 안 간다. 인생도 마찬가지 연
륜이요 경험이다. 50넘게 살다 보면 옛말 하나 틀린 게 없다는 걸 체감한
다. 지금껏 살면서 제일 맛나게 마신 술은 누가 뭐라해도 "낮술"이다. 들
어는 봤나 낮술~
"낮술에 취하면 애비 에미도 몰라본다"는 말
아니 도대체 얼마나 맛있길래 부모도 몰라볼 정도로 마시게 되나…

그럼 이쯤에서 마무리 들어갑니다. 맛있는 맥주란

시원하게 잘 칠링된 맥주를 잔에 따르고 한 모금 들이키면
입안 가득 번지는 구수한 보리거품의 묵직한 맛과 호프의 씁쓸한 맛 그리
고 뒤따라오는 시원한 목 넘김
입술 가득 묻은 맥주거품에서 느껴지는 가벼운 보리향(orthonasal)
목 넘김 뒤에 목 안쪽에서 올라오는 숙성된 진한 보리향(retronasal)
잘 익은 와인 같은 맛이 맥주에서도 느껴진다.

일본에서 맥주는 법적으로는 맥아가 3/2이상 즉 66.6% 이상
우리에게 많이 알려진 삿포로 구로라벨이나 아사히 슈퍼드라이 같은 맥

주가 이 범주에 속하는 보통맥주입니다. 그 이하는 발포주라 하여 세금이 적게 메겨져 판매가는 저렴하나(보통 맥주가의 60-70%선의 가격대) 제조회사로는 맥주와 같은 이익이 나는 지라 상당히 많은 종류가 출시되어져 있습니다.

맥아는 산토리가 94년도에 처음 출시한 홉스가 65%선으로 순조로운 성장세를 이루자 이듬해 95년 삿포로가 출시한 드라프티는 대략 25%내외에 쌀이나 옥수수, 감자 등의 원료를 이용하기에 출시초기에는

" 이것은 맥주가 아니다"

"맥주 맛과는 다르다"는 평가가 있었으나 현재는 기술의 진보와 더불어 세련된 맛과 향으로 변신 중이며 또 마시는 소비자들 또한 다양한 맥주를 접하다 보니 다양한 맥주 맛 중의 하나로 인식하는 선에서 점진적 성장하고 있습니다.

맥주는 제조방식에 따라 하면 발효, 상면 발효법 등으로 나뉘어지며 하면 발효법은 보통 "라거"Lager라 부르는 저온숙성 맥주입니다. 우리가 마시는 대부분의 맥주가 여기에 속합니다. 부드럽고 시원한 맛이라 부담없이 마실 수 있어 출근전까지 마시는(?) 맥주죠

상면 발효법은 우리네 막걸리같이 상온에서 숙성시킨 맥주입니다. 옛날 맥주라는 이미지가 있고 사실 고대로부터 이어진 술 만드는 방식이기도 합니다. 삿포로 맥주박물관에서 맛볼 수 있는 "개척사 맥주"가 이 상면

발효법으로 만든 "에일 맥주" Ale 입니다. 맛은 쓴맛이 강하고 묵직합니다. 제대로 된 맥주 맛이기에 퇴근 후에 마시는 맥주로 좋습니다만 가격이 조금 비싸고 시중에서 구하기가 쉽지 않은 것은 단점.

삿포로에서 맥주 맛 볼 수 있는 곳들

삿포로 오오도오리 비어 가든

매년 거의 비슷한 시기에 개최되며 일본최대 맥주축제이다. 삿포로, 아사히, 기린, 산토리 맥주 등 일본 메이커와 독일 맥주를 비롯한 세계맥주가 참여하여 약 13,000석 좌석을 준비하고 맥주와 삿포로의 청량한 여름을 즐기려는 분들을 기다리고 있습니다. www.sapporo-natsu.com

삿포로 맥주 박물관

일본 유일의 맥주 박물관이며 북해도를 대표하는 삿포로 맥주의 테마 파크이기도 하다. 메이지 시대의 바로크양식의 벽돌건물 자체로도 충분한 관광지가 되며, 박물관 견학

을 마치고 100여년전의 에일 맥주인 개척사맥주 그리고 맥아 100%의 북해도에서만 판매하는 삿포로 클라식과 삿포로의 대표맥주인 쿠로 라벨을 즐기실 수 있습니다.

개관시간: 10:30-18:30 입장은 18:00까지

휴관일: 매주 월요일(월요일이 휴무일인 경우 다음날 휴관), 특별 휴관일, 연말연시

www.sapporobeer.jp/brewery/s_museum

100여년전일본에서 맥주 한 병 값은 지금 돈으로 3,000엔 정도라 하니 상당한 고가의 음료였습니다. 제가 어릴 때만해도 맥주는 아주 비싼 술로 인식되여져 아버지의 친구분들이 오시면 접대용으로 내놓았던 귀한 물건이었습니다.

맥주 한 잔 마시며 글 쓰는 지금도 어떤 날은 "OB로 사오너라"

또 어떤 날은 "이젠벡으로 사오너라"하시며 넉넉히 심부름 값을 주셨던 그 날로 돌아가고 싶습니다.

맥주는 가끔 타임 슬립해주는 최첨단 과학이기도 합니다.

일본에 와서 온천을 안하고 가는 바보는 있어도

북해도와서 맥주 맛 못 보고 가는 일은 없어야 한다!

민박주인 왈

낫또(納豆)

일본에 와서 배운 것 중 가장 잘한 거 하나가 낫또를 먹게 된 것이다. 혹자는 우리

나라 청국장하고 같다고 단정지어버리는 바로 그 음식 맞다.

하지만 조금은 다른 게 우리네 청국장은 메주를 푹 띄워서 잘 끓여먹는 구수한 맛이 일품인 찌게이다. 물론 냄새가 역겹다는 이들도 많기는 하지만 일본의 낫또는 발효가 되었다 싶은 무렵 날로 먹는다. 대부분 아침에 낫또 포장안에 들어있는 간장소스와 겨자소스를 잘 버무리고 거기에 날계란 하나를 섞어서 반찬으로 먹거나 낫또를 좋아하는 사람들은 그냥 냉면 육수 마시듯 꿀꺽 마시듯 먹기도 한다.

우리네 청국장과 일본의 낫또가 다르다고 하면 아마 이런 설명이 될 듯하다. 신라의 천년 고도 경주와 일본의 천년 고도 교토 같을 것이다. 둘 다 한 나라의 수도로 천년 풍상을 겪어온 곳이지만 하나는 천년전에 천년동

안 수도였던 곳이고, 하나는 불과 100년전까지도 천년 동안 수도를 해온 곳이다. 천년 전에 천년 동안 수도였던 경주에는 웅장한 석조건축물들이 유명하지만 건물 수명이 그다지 길지 않은 목조건축물은 없다시피 하다. 반면 교토는 목조건축물의 천국이다.

청수사

금각사

은각사

이조성 등 우리가 많이 가보는 곳곳이 대부분 목조건축물이다.

청국장과 낫또는 이런 차이일 것이다.

단순히 같은 음식을 한국인이 먹어서 청국장이고 일본인이 먹어서 낫또
는 아닌 것이다. 낫또에는 혈액 순환을 좋게 하는 낫또 키나아제 대두 단
백질인 피트산 대장암 예방효과가 탁월한 바실루스 서브틸리스균 등 좋
은 것이 두루두루 포진되어진 세계5대장수 식품에 하나인 것이다.
특히나 낫또 균의 살균능력은 O157균 같은 맹독성 세균도 그 활동력을
약화시키는 정도라 하니 참으로 대단하다 할 것입니다. 저야 이 정도 그
야말로 남들이 아는 정도밖에 설명이 안되지만 이 낫또에 관심을 가진 사
람들이 70여년 전에도 있었습니다.

제2차세계대전이 끝나고 일본에 진주한 미군들에게 일본사람들은 참으
로 알다가도 모를 사람들이었나 봅니다. 그토록 죽기살기로 덤벼들던 사
람들이 종전과 더불어 모두가 순한 양처럼 미군정의 지시사항 요구사항
에 너무나도 잘 따르고 협조적이었기 때문이죠. 미국은 이런 일본이 참으
로 궁금했었는지 일본에는 와 본적도 없었던 루스 베네딕트 여사를 통해
일본을 보려 했습니다.

일본내에서 오래 살다가 보고 알게 된 일본속에서 보여지는 일본보다
는 일본의 주변에서 약간 위쪽의 눈으로 본 일본이 필요했던 것 같습니
다. 중국에서 보여진 일본, 중국을 통해 서양인의 눈에 비친 일본,

나중에 미군정에 제출된 보고서가 책으로 나온 게 바로 "국화와 칼"이죠 평화를 상징하는 국화, (일본왕실의 꽃이기도 합니다) 전쟁을 상징하는 칼로 전전의 일본인과 전후의 일본인들의 사고와 행동양식을 잘 설명한 책입니다. 아무튼 좀 다르게 보인 그 일본인들의 특이점 중에 하나가 노인들이고 여자들이 허리 굽은 사람이 별로 없다는 것이었답니다. 중국에서 흔히 보였던 노인들의 구부정한 모습이 일본에서는 안보였던 것이죠. 고기를 많이 먹으므로 인, 칼슘, 마그네슘 섭취를 충분히 하는가 싶었는데 이 사람들 종교적인 이유와 관습적인 이유로 육고기는 거의 먹지 않는다는 것에 놀라게 됩니다. 그럼 생선을 많이 먹어서 그런 가 보다 하고 역학조사를 진행해보니 생선 또한 건강에 그다지 큰 영향을 미치지 않음에 좀 더 세밀한 관찰을 하게 됩니다.

그리고 의외의 결과에 놀라게 되는데 그게 바로 낫또인 겁니다.

우리가 다 아는 바 대로 낫또는 콩(대두)를 발효 시켜 만든 음식인데 여기에 콩에 나오는 단백질성분들이 몸에 좋다는 것은 다 아시는 바인데 그렇다고 여기에 우리의 뼈건강을 지켜줄 만큼 엄청난 양이 있지는 않지요. 아닌 말로 우리가 소고기라면을 먹었다고 신라면 먹은 것보다 살이 더 찌고 힘이 더 나는게 아닌 것 처럼요. 그 양은 그야말로 아주 적은 것이었는데 여기에 의외의 반전이 있습니다. 낫또를 먹을 때 날계란을 하나 톡 까서 넣고 슥슥 비벼 먹는 것이 바로 비밀의 문이었던 것이었습니다. 계란에 들어있는 칼슘성분을 넛또에 포함된 사포닌이나 피트산능이 우리 인체내에서 아주 높은 비율로 소화 흡수되게 해준다는 것입니다. 사실 아무리 많은 양의 칼슘을 섭취를 해도 소화 흡수되는 양은 그다지 많지않다 합니다. 그런데 낫또에 날계란의 구성은 거의 대부분의 칼슘이 인체에 흡수가 되어지기에 변변한 고기 반찬 없이도 뼈건강이 좋았다는 거죠.

요즘은 낫또 자체가 발효식품이기에 제대로 된 냉장시설이 갖춰지지 않더라도 오랫동안 상온 보존이 가능하다 보니 (아프리카의 개발도상국 등)에 식량원조하기에 딱 맞춤이다 보니 알게 모르게 전세계로 알려지고 있는 중입니다. 낫또는 일본 것이라는 전제로 보고있습니다만 사실은 중국의 것이라 봐야할 것입니다. 이 낫또가 일본에 들어온 것은 헤이안 시대라 합니다. 스님들이 정진요리(간단히 절밥이라 합니다)로 먹기 시작했고 이 절 집의 창고를 낫쇼(納所)라 했고 이 낫쇼에서 보관하던 콩 발효식품이 바로 낫또인 것이죠.

그다지 대중적이지 못하다가 카마쿠라 시대에 이르러 원나라가 일본정벌을 위해 대군을 파병해 일본을 공격합니다. 나라가 거의 무너지기 직전의 위기상황이었지만 마침 불어 닥친 태풍으로 인해 원나라 해군의 배들이 침몰하고 살기위해 육상으로 도망온 원군을 잡아 들립니다.
당시 원나라 군대의 전법은 히트 앤드 런, 어느 한 곳을 공격하고는 그 곳에 주둔하지 않고 다시 배를 타고 바다로 나가는 겁니다. 이는 주둔을 하게 되면 있을 적의 야습이나 거센 반격전을 감당하기보다는 한 번 치고 빠졌다가 다시 다른 곳을 치는 전략을 구사한 것이죠.

이에 카마쿠라 막부에서는 이들 원군의 배를 찾아 화공을 펼치려 했으나 바다로 도망간 원군의 배를 도무지 찾을 수가 없었던 것입니다. 이들이 밥을 해먹으려면 불빛이 보이고 연기가 피어 오르면 위치를 찾을 수 있으리라 생각하였지만 이들은 불을 쓰지 않았던 것입니다. 중국 한족과는 달리 불을 쓰는 요리를 하지 않고 육포를 씹거나 낫또를 먹어가며 컴컴한 바다에 떠있으니 지근거리에 있어도 도무지 찾을 수가 없었던 것이죠. 하지만 구세주 같은 신의 바람(카미카제)이 불어 이들을 모두 가라앉히거나 육지로 밀어내니 신출귀몰하던 원군도 추풍낙엽이 되 버리고 맙니다. 이들이 무엇을 먹으며 연명했는지 너무도 궁금했던 일본측에서는 원군이 먹으며 버텼던 낫또에 주목하게 됩니다. 그리고 원군으로부터 입수한 정보에 맞춰 낫또 제작에 가장 좋은 지역으로 보이는 곳에서 낫또를 연구하게 됩니다.

지금의 동경 약간 위쪽에 있는 미토(水戶)가 지금도 낫또의 대표산지로 알려진 것이 바로 이런 이유입니다. 이후로 이차에 걸친 원나라의 침입이 있었지만 바다를 모르는 원군이 또 다시 태풍철에 군사작전을 감행하다 또 태풍에 당하면서 원정은 실패로 끝나고 일본은 낫또를 군용식량으로서 본격적인 연구하게 됩니다. 꾸준히 천천히 개량되어진 그 결과물이 지금 우리가 알고 있는 낫또입니다.

지금이야 낫또를 잘 먹기도 하고 그 효과를 일기에 많은 낫노에 관해 많은 이야기도 합니다만 사실 저는 일본에 오기전까지는 낫또라는 게 무엇인지 전혀 몰랐습니다.

일본에 유학 와서 본 일본은 별천지에 우리나라와는 많이 다른 나라였습니다. 이것저것 알고 싶은 것도 많았고 경험해보고 싶은 것도 많았기에 수중의 돈생각은 아랑곳 않고 쓰다 보니 그만 생활비가 구멍이 나고 말았습니다. 거기에 일본어를 잘해서 아르바이트를 척척 구할 수 있는 것도 아니었기에 처음 얼마간은 기숙사에서 나와 다른 친구의 방에 더부살이 하며 버텼습니다. 호텔에서 접시닦이를 하던 이 친구가 간간이 가져오던 남은 음식으로 영양보충하며 버티다 어느덧 아르바이트를 구하게 되고 모든 일이 순조롭게 풀리나 했습니다. 여름방학이 다가오니 대학 다니던 친구는 방학기간동안 다른 지역 호텔의 접시닦이로 한 달간 집을 비우니 잘 부탁한다며 떠나가버렸습니다. 그 때 그 친구가 얼마나 부럽던지 모릅니다. 접시닦이로 일 나가면 호텔에서 숙식제공해 주고 또 휴일에는 가루이자와의 명소들을 공짜로 관광할 수 있으니까요.

아무튼 혼자 남게 되어 생활비도 반반 씩 부담하던 것을 혼자 부담하려니 더 졸라매는 생활을 할 수밖에 없으니 일단 먹는 것을 줄일 수밖에 없었지요. 아르바이트도 거반 한 달이 되어가니 월급날도 가까워오니 마음이 편해지는 것도 있었지만 타국에서 달랑 혼자 살아가야 한다는 막연한 불안감에 급여가 손에 들어오기까지는 절대 허튼 씀씀이는 안되지 싶어 가지고 있는 얼마 안되는 현금으로 동네슈퍼에서 유통기간이 다되어 헐값에 내놓은 라면과 다쿠앙 그리고 백김치 몇 봉지를 사다 놓고 살았습니다. 처음엔 한 끼에 라면 두 봉지를 끓여먹는 호사(?)를 부리기도 했지만 급여일이 일주일 남은 시점에서 사다 놓은 라면이 그다지 많지 않았기에 (여유돈이 조금은 있어서 라면 한 두박스는 살 수 있었지만) 먹는 양을 줄이는 쪽을 택했습니다. 라면 하나를 네 등분 내고 한 끼에 그 한 조각을 끓여 먹었습니다. 생활은 평상시처럼 하면서 영양상태가 급속도로 나빠지니 우리나라 여름보다 훨씬 무덥던 동경의 더위 못 버텼던 모양입니다. 어느 날 밤에 자다가 배가 고파 수도꼭지에서 물을 한 바가지 들이키고 다시 잤는데 그대로 나가떨어지고 말았습니다. 분명히 몽롱하기는 하지만 의식도 있고 들리기도 들리는데 눈이 안 떠지고 몸이 안 움직이는 것이었습니다. 조금 있으면 나아지겠지 하고 몇 분인지 몇 시간인지를 보냈지만 몸은 오히려 더 무감각해지는 것이었습니다. 아 굶어 죽는 게 이런 건가 보다 싶었지만 실상 정말 이렇게 죽는다고는 생각도 안 했습니다.

하지만 그렇게 밤이 되고 말았는데 이상하게 무지 귀가 가렵더라고요 (그 당시에는 삐삐도 핸드폰도 없던 시절이라 아르바이트 일하던 곳에서 제가 안 나오니 이상하게 생각만 했지 연락할 법이 없었기에 점장이 무지 욕했던 모양입니다) 몸은 말을 안 듣는데 귀는 무지 밝아져 그 동안 무심했던 옆 방 사람들의 말소리가 들리기 시작하더군요.

처음엔 환청인가 했는데 가만히 들어보니 대화 나누는 소리더라구요.

이제서야 사태의 심각성을 알게 되었지만 하루를 아무것도 못 먹고 아무 것도 마시지 않은 상태에서 목젖이 달라붙었는지 아무 말도 나오지 않았 습니다. 분명히 뭔가 소리를 지른다 싶었는데 입밖으로는 그저

"시-"

"커-"

하는 정도의 소리만 나왔던 것 같습니다. 이렇게 다시 하루가 지나고 나 니 정말 의식도 몽롱하고 여름인데도 몸이 꽤나 춥다고 느끼며 떨었던 기 억이 납니다.

그렇게 저녁이 되어서 상당히 조용하다고 느낀 지 얼마 안 돼 아무 기억 이 없는데 숙소 계단 청소하러 오신 할머니가 저희 방문이 조금 열린 게 이상해서 방문을 열었다가 거반 죽은 상태였던 저를 발견하고는 병원에 옮겨주어 살아날 수 있었습니다. 이렇게 며칠간 병원에 누워 있으니 참 별의별 생각이 다 나더군요.

훈련소에서 못 먹었던 보름달
먹다가 남긴 떡국…
학교 다니면서 공부 안 했던 것.

하나같이 끝을 못 봤던 아쉬움과 미련이 남는 일들만 떠오르더라고요. 아 무튼 그렇게 일주일정도 요양 잘하고 퇴원하려니 병원장님이 저를 좀 보

자고 하길래 갔습니다. 동그란 얼굴에 머리가 많이 없으신 분이셨는데 (지금도 잘못하지만 이 때 일본어 잘 못할 때였음) 뭐라뭐라 하시더니(태평양전쟁 때 군의관으로 근무했고 …총알이 퓽퓽 포탄이 꽝꽝.. 뭐 이랬던 거 같음) 책상서랍을 여시더니 뭔가 작은 종이컵을 건네주시는 겁니다.

"…그러니 너도 먹어라!"

앞뒤 구절 대충 때려잡으니 군의관으로 근무할 때 동굴속에서 부상병들 치료할 때 연기를 피울 수 없으니 이것만 퍼먹으며 살았다.
…그래서 이렇게 나이 먹도록 건강한 것이다.
…그러니 너도 먹어라"였던 것 같습니다.
사실 그 때 처음으로 낫또를 보았습니다. 비닐로 덥힌 작은 컵을 이리저리 들여다보고 있으려니 원장님이 비닐껍데기를 벗겨서 건네주시는데 낫또의 그 야릇한 냄새가 너무도 역겨워 "속으로 이것은 사람이 먹는 음식이 아니다"싶었습니다. 원장실을 나와 병실에서 퇴원수속과 옷가지들을 챙기는데 문득 이런 생각이 들었습니다.
"나 같은 외국인 유학생 하나 죽거나 말거나 아무 상관없는 분이 일부러 짬 내서 나를 부르고 또 자신의 이야기를 해주고 생각해서 권하는 음식인데 최소한 성의 표시라는 뜻에서라도 한 번은 먹어봐야 되지 않겠나 "싶었습니다. 알려준 대로 젓가락으로 마구마구 휘졌고 끈적끈적한 실이 진창 나올 때끼지 휘져있습나. 그리고 냉장고에 있던 날계란 하나를 깨 넣고 다시 조금 더 휘졌고 거기에 다시 간장소스와 겨자소스를 얹고 다시 휘졌고 완성된 낫또를 한 젓가락 떠서 입에 넣어보았습니다. 원래 콩을 좋아하는 식성이어서인지 냄새와는 달리 맛은 나쁘지 않았습니다. 한 캔을 다 먹고 나니 이 정도라면 먹을 만하다 싶어서 집으로 돌아가는 길에 동네슈퍼를 들러 보니 가격도 그리 비싼 게 아니어서 더더욱 안심이 됐습니다. "이 정도 가격이라면 아침만 한 끼 먹을 게 아니라 하루 세 끼를 다 낫또를 먹어도 되겠다" 하여 냉장고 가득 낫또를 채워 놓고 먹기 시작했습니다.

자신의 왼손 주먹만큼 낫또를(보통 낫또 세 개정도) 그리고 그 위에 간장소스와 겨자소스 그리고 날계란을 얹고 마구 비빈후에 오른 주먹만큼 밥을 퍼 담습니다. 결국 자신의 두 주먹만큼을 한 끼 식사로 먹는 것이죠.

하루 이틀, 삼시 세끼를 이렇게 낫또와 날계란, 그리고 밥만 먹고 살았습니다. 그런데 희한한 것이 열흘정도 지나면서부터 조금씩 헛것이 보이고 헛소리가 들리기 시작하는 겁니다. 한 번 쓰러졌기에 겁이 나서 몸상태를 체크해 보게 되지만 전 같은 느낌은 아니기에 그러려니 하고 일상적인 생활을 계속 합니다. 이렇게 보름이 되면 이제부터는 온몸의 살들이 마치 실금간 고무풍선에 바람 빠지듯이 살이 쭉쭉 빠지는 것이 느껴집니다.

그리고 마침내 한 달정도가 되면 어마어마한 통증이 아랫배 쪽에서 오게 됩니다. 아 맹장이 터졌나 보다 싶은데 웃긴 게 배 아픈 곳이 오른쪽 왼쪽 으로 옮겨 다닙니다.

이러면 맹장은 아닌데… 이렇게 하루 이틀 정도가 지나다 갑자기 화장실 에 가야하는 상황이 벌어집니다. 참 글로 표현이 안되는데 아무튼 무지무 지 급한 상황으로 화장실에 가게 되어집니다. 화장실에 가서 한 삼십분 은 앉아있는 것 같은데 이게 좀 웃긴 게 나올 듯 말듯 한 겁니다.

그러다 무진장 진땀을 빼고나서 변을 보게 되는데 이 때의 쾌감은 참으 로 표현하기 어렵지만 "진짜 똥싸는 기분"입니다. 온몸이 하늘로 솟구칠 것 같은 기분, 여하튼 몸무게가 반으로 줄어든 것 같은 기분입니다. 그리 고 일어서서 주섬주섬 뒤처리를 하다가 깜짝 놀라게 되실 겁니다(저는 놀 랐어요) 변기안에 호랑이 꼬리가 보입니다. 변기에 검은 줄이 죽죽 그어 진 호랑이 꼬리 모양 그대로 인 변이 "두둥!" 자리잡고 있는 겁니다. 너무 도 놀랍고 신기해서 한 걸음에 뛰어나가 동네 슈퍼에서 파는 렌즈가 달 린 일회용 카메라를 사와 연신 셔터를 눌러댑니다.

낫또 먹으라 했던 원장님께 이런 게 나왔다고 보여주고 정체가 무엇인지 물어보려 했던 것이죠. 사진 촬영을 끝내고 흥분된 기분을 애써 가라 앉 히고는 그동안 내 속에 있는 나 아닌 나를 흘려보내려 변기에 물을 내립 니다. 하지만 이 놈이 그리 쉽게 내려가지를 않습니다. 나중에 들은 얘기 지만 장내 가득하던 숙변이(대부분 기름덩어리) 배출된 것이라 이게 부력이 좋이(?) 자꾸만 둥둥 뜨는 겁니다. 몇 번을 해도 안 내려가니 어쩔 수 없이 일회용 젓가락으로 이 놈을 집어 들고 동태 토막 내 듯이 몇 토막 내고 화장지로 둘둘 싸고 다시 비닐봉투에 담아 쓰레기통에 버렸던 기억이 납니다.

이야기가 무지 장황해졌습니다만, 좀 미련한 방법이지만 이렇게 낫또 한 달만 복용하면 어지간한 병증이나 증세는 한 방에 끝이 나버립니다. 거기다 다이어트는 말로 할 필요가 없습니다. 공개하기가 어려울 정도로 마른 제 운전면허증 사진이 그 때 그 시간을 증명해주고 있습니다. 요즘도 몸무게가 많이 늘었다 싶으면 생각나는 것이 바로 낫또입니다. 이렇게 한 두 번 낫또로 다이어트를 하다 보면 체중 조절하는 걸로 고민하는 사람들이 이해가 안 갑니다.

무지 쉽거든요.
그저 낫또 하고 날계란을 자기 왼손주먹만큼 그리고 밥을 자기 오른손 주먹만큼만 먹으면 됩니다.

"그렇게 밖에 안 먹으면 금방 죽을 것 같아요"
"무서워요"

절대 안 죽습니다. 물론 상대적으로 그간 50-60키로짜리 짐을 손쉽게 들었던 사람이라면 30-40키로에도 힘에 겨울지 모릅니다. 하지만 자기 몸이 너무도 가벼워지다 보니 오히려 하루하루 살아가는 게 힘들지않게 됩니다. 책 보고 이랬다, 누가 한 거 보고 저랬다 하는 이야기가 아닙니다. 제가 체험한 이야기입니다. 저야 워낙 한심한 위인이라 그렇지만 성공하시고 싶고 열심히 사시고 싶은 분이시라면 "낫또 " 추천 합니다. "에이 설마"하시는 분들이 대부분이시겠지만 한 번 속는 셈치고 한 달만 드셔 보시기 바랍니다. 이거 한 달만 드시면 담배도 끊을 수 있습니다. 왜냐구요?

몸에 풀기가 떨어져 담배 맛이 무지 써집니다. 죽어도 담배 못 끊겠다는 분들, 죽지 마시고 그냥 낫또만 한 달 드셔보시기 바랍니다. 담배는 저절로 끊어집니다.

저는 우리나라사람들이 일본사람들한테서 꼭 배웠으면 하는 습관이 두 개가 있는데 그 중하나가 바로 낫또를 먹는 것이고 또 다른 하나가 목욕입니다. 이 두개만 해도 가벼운 몸으로 하루하루 활기차게 살다 보면 안될 일도 잘 되고 말 겁니다.

그리고 목욕

하루 열심히 일하고 스트레스를 풀려고 마시는 몇 잔의 소주가 주는 위안과 친목도모보다 더 가벼워지고 개운해지실 겁니다. 거기에 탕에 담그고 있는 혼자의 시간은 그날 하루 하루를 반성하고 또 새로운 계획을 세울 수 있는 귀중한 시간이 되실 겁니다. 그리고 남자 분이시라면 부드럽게 불려진 수염을 조심조심 정성을 기울여 면도하는 즐거움을 누리시기 바랍니다. 저는 클래식면도를 즐깁니다. 양날면도기라 불리는 옛 스타일 면도 말입니다. 이게 보기보다 진국입니다. 면도는 하면 할수록 깨닫게 되는게 겸손해야 한다는 것입니다. 그간 늘 써왔던 면도기도 술 한잔 하고 또는 들뜬 기분에 방심하면 얼굴에 핏방울이 맺히기 때문이죠.

나중에 성공하면 면도예찬도 해보고 싶습니다~
지금은 아무것도 이룬 게 없으니 그냥 면도만 즐기지만 나중에 뭐 하나 이루었다 싶으면 그것은 아마도 면도 덕일 겁니다~

인생 3H

정직(HONEST)하고
겸손(HUMBLE)하면
존중(HONOR)받습니다.

숟가락

약 오천년전에 중국 사람들이 숟가락과 비슷한 것으로 국이나 찌개 같은 음식을 먹은 흔적이 있다고 합니다.

우리나라에서도 삼국시대에 사용 흔적이 있고 고려에 들어서면서 본격적으로 사용하게 됐다고 합니다. 일본의 경우 숟가락을 사용했으나 점차 자취를 감춰 에도시대에 들어서는 젓가락만 주로 사용하게 되었다 합니다.

일본은 쌀을 주식으로 하는 식문화를 가지고 있지만 한국의 방자유기 놋그릇이나 자기그릇처럼 뜨거워지는 식기가 아니라 열전도가 잘되지 않는 목재 식기를 써 음식물을 입에 대고 마셔도 돼 숟가락 이용도가 떨어졌다는 분석입니다. 사실 일식은 젓가락 하나만으로 식사 해결이 가능합니다.

일본에서 처음 식당을 방문하면 숟가락이 없는 것과 젓가락을 놓는 위치에 대한 궁금증이 저절로 생깁니다. 숟가락이 없는 이유는 위에서 살폈고, 젓가락 위치 역시 재미있습니다.

우리나라는 조선시대 이후 성리학을 바탕으로 혈연과 신분을 중시하는 문화에서 사농공상, 그 중에서도 문관우선의 정서가 아주 강했습니다. 그 때문에 오른손도 아닌 "바른손"이 있는 곳에 수저를 아라비아 숫자 "1" 자 모양으로 놓습니다. 마치 선비들이 "붓"을 잡는 모습과 비슷합니다. 일본은 젓가락을 자신 앞쪽에 "한일자(一)로 놓고 받침대까지 놓습니다. 에도시대 이후 지배계층인 사무라이(무관)들이 필수품인 "칼"을 놓는 모습과 비슷합니다. 칼을 칼집에 넣듯이 젓가락은 종이로 된 젓가락집에 담겨있습니다.

식사를 시작하며 종이커버에 싸인 젓가락을 꺼내고 아래에서 위쪽으로 들어올리며 젓가락을 찢습니다. 젓가락을 신과 인간세계를 이어주는 다리로 보기에 하시(橋)라고도 하지만 젓가락을 칼로도 보는 문화이기에 양 옆으로 젓가락을 찢는 것을 옆 사람에게 위해를 가할 수도 있는 위험한 행동으로 여기기도 합니다. 그래서 아래에서 위로 찢는 것을 예절바르고 절도있는 행동으로 여깁니다. 식사를 마치면 종이집에 젓가락을 다시 넣어두는 것으로 식사가 끝났음을 표현합니다.

일본을 여행하시는 한국 분들 중에는 숟가락 없어도 식사를 잘하시는 분들도 많습니다만 숟가락에 듬뿍듬뿍 담아먹는 습관이 있는 분들에게는 식사 시간이 불편한 것이 사실입니다. 숟가락이 없는 나라에서 굳이 숟가락 달라고 하기도 곤혹스럽고, 또 설사 숟가락을 요청해도 건네주는 것이 중국식 숟가락이나 서양식 수프 스푼인 경우가 많습니다.

오랜 일본 가이드 경험상 일본 여행길에 집에서 쓰는 숟가락이나 캠핑때 쓰는 숟가락 하나 들고 오면 좋겠구나 하는 생각을 하곤 합니다. 점잖은 체면에 숟가락을 들고 다니냐고 걱정하는 분들도 있겠지만 훨씬 편안한 식사가 가능할 것입니다. 여행길에 숟가락 찾으려 다니지 않아도 되고 어색한 중국식 숟가락이나 서양 스푼 들고 식사하는 것보다 더 깔끔하고 준비성 있어 보입니다.

일회용 플라스틱 숟가락, 캠핑용 스포크(숟가락 끝에 포크처럼 찍어먹을 수도 있게 만든 숟가락), 집에서 쓰는 숟가락 모두 좋습니다. 숟가락 하나가 일본 여행길에 또 다른 즐거움을 선사할 것입니다.

많이 알려진

이야기들

눈 축제(雪祭り)

삿포로 하면 가장 먼저 떠오르는 이미지는 무엇인가요?

일본의 모방송국에서 사람들에게 물어보았습니다.

먼저 일본인들에게는 1970년 동계 올림픽이

중국인들은 삿포로 라면(ラーメン)

우리나라 사람들은 눈과 눈 축제라 하였답니다.

전에 북해도친구 카페 회원가입시 묻는 질문에도 거의 70%이상의 회원 분들이 답한 내용도 눈과 겨울 그리고 눈 축제였습니다. 계획도시인 삿포로는 미국의 보스톤을 참고로 만들어진 계획 도시입니다. 관청 거리와 민간인 거주 지역간 화재예방을 위해 만든 방화벽 기능과 겨울이면 어마 어마하게 내리는 눈을 버리려고 도심내부에 만든 오오도오리 공원. 그 공원 하나 가득 쌓아 놓은 눈덩어리 위로 초등학생 중학생들이 올라가 눈 싸움도 하고 눈사람도 만들었다.

삿포로 인근도시인 오타루

작은 도시이다 보니 바닷가 일부를 제외하고는 거의 대부분이 언덕이나 구릉위에 집들이 지어져 있는 곳으로 주변에 테이네산이나 텐구야마 같은 가까운 스키장은 과장해서 도심에서 걸어 갈 수 있을 정도로 가까운 곳에 있습니다. 겨울철에 눈 내리는 곳 어느 곳이라도 다 눈사람 만들고,

키타테미야 초등학교(北手宮小學校)

눈싸움 안 하는 곳이 없겠시만 형식석이나마 제대로 구색을 갖추고 눈조각을 만든 곳이 바로 현재 오타루시 키타테미야 초등학교(北手宮小學校)입니다. 1934년부터 시작되어 80년을 이어오고 있는 잘 알려지지않은 눈축제의 발상지입니다. 학교교정에는 "눈축제의 발상지"라는 비석과 자료관이 있어 가벼운 발걸음으로 둘러볼 수가 있습니다. 오타루라는 도시가 북해도 개발당시 해상교통의 중심지였고 또 육상교통 또한 북해도의 발이라 불리는 중앙버스도 처음시작이 바로 오타루였음을 볼 때 이곳에서 나고 자란이들이 중/장년이 되고 사회 지도층이 되었을 때 옮겨간 삿포로에서 그들이 배우고 경험했던 것들이 쓰여겼을 것은 보지않아도 알 수 있을 것이다. 아는 만큼 보인다는 말처럼 돈도 벌어봤고 써봤기에 시류를 제대로 읽었을 것이다. 전 후 아무것도 없는 곳에서 자신들이 무엇을 해야 하는지, 자기네가 무엇이 가능한 지를 따져보고 오타루강에(오타루는 아이누말로 "모래사이로 흐르는 강"이란 뜻) 지천인 모래로 유리를 만들어 성공시키고 또 오르골마저 성공시킨 사람들이니 말이다. 유리공예와 오르골 다음은 또 무엇을 생각하는지 궁금하네요.

전쟁중과 전후 어렵던 생활 속 눈 밖에 아무것도 없던 삿포로사람들은 자신들의 꿈과 자신들의 미래인 아이들을 위해 조각상을 만들었습니다.
전쟁 중 먹거리가 없어 콩 한 알도 나눠 먹어야 할 지경에도 식탁에 꽃한 송이를 올려놓았다는 러시아 사람들처럼 비록 배는 고파도 마음과 정신 세계만큼은 풍요롭고 자유롭고 싶은 의지였을 겁니다.

1950년 제 1회 삿포로 눈축제는 지역의 중고교생들이 만든 6개의 설상(雪像)으로 시작된 작은 축제에 지나지않았으나 의외로 시민들의 반응이 좋아 이후 삿포로의 동계 행사에 빠지지 않는 행사가 됐고, 1955년부터는 자위대원들이 참여하기 시작하여 대형 조각상들이 만들어지기 시작하였습니다.

1959년 10회 행사부터는 신문 방송에서도 비중 있게 다루는 행사가 되면서 삿포로의 축제에서 일본의 행사로 발전하게 되어집니다.

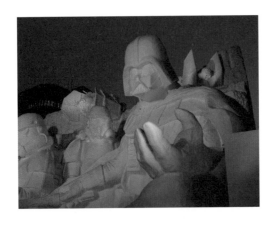

눈축제 중에서
스타워즈 다스베이더 눈 조각

1972년 삿포로동계 올림픽을 계기로 세계적으로 알려지게 되면서 급기야 세계각국에서 찾아오는 관광명소로 성장하게 됩니다.

이렇게 가볍게 시작된 삿포로 눈축제는 벌써 66회를 맞이하고 국내외에서 200만명이 찾는 명실공히 세계 3대 축제의 하나로 자리매김하기까지 되었습니다. 최근에는 해마다 테마를 정해 설상을 만들고 있고, 특히나 2012년에는 "絆"(기즈나: 사전에는 굴레 고삐 등으로 해석됐으나 일본인들이 쓰는 의미적으로는 "가족애"家族愛)와 2011년의 3,11 동북 대재해를 복구하고 원래로 돌리는 부흥을 많이 다루며 치유와 화합을 강조하기도 하였습니다. 2014년과 2015년은 애니메이션의 주인공들이 등장하기도 하였습니다.

세계적으로 알려진 일본 애니메이션을 한층 홍보하고 또 같이 즐기자는 취지로 근래에는 애니메이션 주인공들의 코스프레마저 제법 큰 규모로 진행되어지고 있습니다. 눈 축제 행사장은 오오도오리 행사장, 스스키노 행사장, 쓰돔 행사장 등으로 3군데로 나누어져 있지만 각기 다른 모양새를 갖추고 있습니다. 메인 행사장인 오오도오리는 1,5Km 이르는 공원내에 각종 설상의 전시와 가설 스키 활강대와 각종 설상위에서 펼쳐지는 각종의 공연과 이벤트로 밤 늦은 시간까지 끊이지 않는 인파로 붐빕니다

스스키노 행사장은 주로 얼음을 이용한 조각 전시장입니다. 얼음으로 만

든 수족관과 얼음으로 만들어진 역동감 넘치는 조각들은 차가움이 주는 선명함이 한눈에 가득 담을 수 있습니다.

쓰 돔행사장은 튜브 미끄럼틀과 스노우 리프팅을 할 수 있는 놀이위주로 구성이 되어있어 어린 자녀분을 동반한 가족들의 눈놀이에 즐거운 한 때를 보낼 수 있는 곳입니다.
어떻게 보면 정말 아무것도 아닌 눈,
눈싸움과 눈사람이 이렇게 많은 사람을 불러모을 수 있음에 모든 일은 하늘이 돌보심을 알게 합니다. 성경말씀과도 같이 "네 시작은 미약해도 그 끝은 창대 하리라 "하신 말씀처럼요.

삿포로의 눈축제는 너무나도 유명하다 보니 그다지 많은 설명이 필요 없을 정도로 많이들 알고 오시고 또 보고 가셨습니다. 다만 이 유명한 축제를 보기위해서는 약간의 준비가 필요합니다. 세계각국 그리고 내국인들로 가득 들어차는 까닭에 숙소를 미리 잡아두지 않으면 낭패를 보기 쉽습니다. 평상과 비수기에 5000엔정도하던 호텔이 이 무렵이 되면 1만엔 이하는 보기 힘들어집니다. 그나마도 일찍 잡아 두지 않으면 특실이나 스위트 룸 밖에 못 잡을 수도 있고요.

아닌 말로 5만원짜리가 늦장부리면 30만원 40만원짜리가 됩니다. 그러다 보니 이런 분들이 때가 거의 임박해서 북해도친구에 예약을 합니다. 그리고 막상 와서는 춥다, 시끄럽다, 송영을 왜 안 해주느냐, 여자 친구와 같이 자려 했는데 왜 안 되느냐 등 별의별 불만을 토로합니다. 뭐 그럴 수 있다 생각합니다. 말이 통하니 그나마 얘기할 수 있는 거지요. 저도 또 그 덕에 한국말 한 마디 더 듣고요. 사실 이런 분들이 일본인이 경영하는 곳 가면 아무 말도 못하는 것 잘 알기에 더욱 그냥 듣고 흘려 버립니다.

그리고 제발 겨울에 추운데 오면서 패션 쇼 모델처럼 입고오지 좀 말았으면 합니다. 속에 반팔에 오리털 패딩(아주 좋은 것 가나다라 구스라던가 노스 페이수..)만 달랑 입고 내복도 안 입고 얇은 바지 한 장, 거기다 제일 안쓰러운 게 신발 (스니커 신고 오시면 안돼요)

눈이 20~30 센티 쌓인 곳을 걷다 보면 목이 낮은 신발은 뒤꿈치로 눈이 묻어 들어갑니다. 계속 걷다 보면 신발안에서 체온과 마찰열에 의해 눈이 녹고 차가운 물에 젖은 신발로 외출해서 다니다 보면 쉬 피곤해지고 중간중간 자주 쉬거나 제대로 된 관광을 못하고 대부분 커피숍이나 쇼핑 센터에서 시간을 보내게 됩니다. 북해도의 겨울엔 북해도겨울에 맞는 복장을 하시고 오시기 바랍니다. 머리는 모자 특히 두툼한 비니 같은 게 좋습니다 눈 길에 걷다가 넘어져도 두툼한 모자가 뇌진탕을 막아줍니다.

선글라스 겨울철이 대부분 눈이 많아 흐린 날이 많지만 그 중 맑은 날은 빛의 세기(LUX)가 서울의 두 배가 넘는 강한 빛이라 눈이 약한 분들은 안

구화상을 입을 수도 있기 때문입니다.

장갑 주머니에 손 넣고 다니다 손 넣은 채 넘어지면 팔뼈가 부러지기도 합니다. 내복 입고 오세요 극기 훈련하러 온 분이야 어쩔 수 없지만 관광 오신 분들은 준비하시는 게 육체적 정신적으로 많이 좋습니다. 코트는 눈이 많은 지역이니 모자가 점퍼나 코트에 붙어있는 것을 추천합니다. 보통 옷은 목으로 눈이 들어가요. 모자가 붙은 게 없다면 굳이 새로 장만 안 해도 목도리가 대용으로 좋습니다. 위 정도만 준비하셔도 안심하시고 외출하실 수 있습니다.

그리고 여행을 업으로 사는 사람이다 보니 이글을 읽으시는 분들에게 한 가지만 부탁드려볼까 합니다.

외국에 나가서 새치기하지 맙시다.

침 뱉지 맙시다!

식당에 술 가져가서 몰래 마시다 망신당하지 맙시다!

등등 어쩌다 인터넷신문 읽다 보면 이런 류의 이야기가 나오던데, 물론 이런 것도 중요하지만 저는 딱 하나 귀국하는 비행기에서 내리기 전에 제발 먼저 일어나지 말자는 것입니다. 아직 비행기는 서지도 않았는데 주섬주섬 옷 챙기고 안전벨트 풀고 일어나서 앞쪽에 가서 줄서는 거 위험하기도하고, 예전처럼 수탁화물 누가 집어갈까 봐 (예전엔 먼저 나가는 사람이 위탁 수하물 나오는 것 중 마음에 드는 것 그냥 들고 나가는 도둑(?)이 많았습니다, 어차피 걸리면 자기 것인 줄 알았다고 시침 떼면 대부분 많은 사람들 탓에 그냥 넘어가기도 했고요) 걱정돼 빨리 나갈 일도 없

슈쿠즈전망대에서
필자 정영호

는데, 제발 천천히 그리고 우리나라에 관광오는 사람들에게 먼저 나갈 시간 주고 우리가 나가면 아마 세계 많은 사람들이 한국인을 다시 보게 되지 않을까 싶습니다. 이게 그렇게 힘이 드는 일이라면 그저 일본사람들에게만이라도 그리 보여주었으면 좋겠습니다. 한국에 놀러 온 사람들에게 보여주는 우리네 여유, 손님 맞이의 기분 좋은 여유, 어쩌면 이런 기분에 한국에 놀러 오는 일본인이 한 명이라도 늘어난다면 해 볼만 하지 않겠습니까? 어차피 돈 들어 가는 거 아니니까요.

60여년전에 다시 오겠다는 말을 남기고 간 사람의 글이 생각나서 적어봅니다. 그가 어디까지 왔는지 매일매일 보고는 있습니다만 ....

우리는 패했지만 조선이 이긴 것은 아니다.
장담하건대 조선사람들이 정신을 차리고 빛나고 위대한 옛 조선의 영광을 되찾으려면 100년은 더 걸릴 것이다.
우리 일본은 조선국민들에게 총칼보다 무서운 식민교육을 심어놓았다.
서로 이간질하며 배신하며 거짓말하며 노예같은 삶을 살 것이다.
두고 보라!
실로 조선은 위대했고 빛난 영광을 가지고 있지만 앞으로의 조선은 다시 (식민지의) 노예로 전락할 것이다. 그리고 나 아베 노부유키는 다시 돌아올 것이다.

조선 제10대 총독 아베 노부유키

라멘

북해도를 위한.. 북해도에 의한... 북해도의 소울푸드.

"어이 여기 『떼놈면』(支那そば) 하나 줘"

"난 『짱께면』(チャンそば) 하나 줘"

왕문채(王文彩)는 손님들로부터 주문을 받을 때마다 기분이 좋지 않았다. 1922년 삿포로 북해도대학 인근의 다케야(竹家)식당은 당시 중국에서 농업과 축산학을 배우기 위해 온 유학생들을 대상으로 중국요리식당으로 문을 열었으나 면발의 씹는 감이 좋다고 입에서 입으로 소문이 나면서 많은 일본인 손님들로 늘 가득 찼다.

손님이 가득차는 것이야 좋은 일이었지만 자신의 모국 중국을 비하는 뜻으로 부르는 시나소바(支那そば)나 짱소바는 불만이었다. 행인지 불행인

지 왕 문채(王文彩)는 주방에서 면이 다 만들어지면 홀의 직원을 부를 때 "하올라(好了)" 다 됐다는 말을 길게 발음하였고 뒤따라오는 말로 "면"을 연이어 발음하면서

"하올~라 -멘"
"하오! 라~멘"
듣는 이들에게 "라-멘"처럼 들려 "라-멘"이 정식 이름이 되어졌다 한다.

이와 비슷한 사례가 오사카 옆 코오베에 있는 메리켄 파크가 그렇다 할 겁니다. 해양박물관과 코오베 포트 타워 그리고 1995년 한신 아와지 대지진때 붕괴되었던 방파제의 일부를 보존하고 있는 메모리얼 파크가 있는 곳입니다. 메이지(明治)시대에 미국 영사관이 위치했던 유래로(현재 코오베 우정선박 郵船 빌딩자리) 많은 분들이 찾는 관광지입니다. 하지만 많은 분들이 메리켄이 도대체 무슨 뜻인지 알고 가시는 분들은 많지 않은 것 같습니다. 그냥 알아듣지 못하는 무수히 많은 일본어 단어 중 하나려니 하지요.

일본어 표기로 메리켄(メリケンパーク)한자로 米利堅이라고 메모리얼 파크 들어가는 입구에 푯말이 붙어있습니다.

중국인들이 미국인들을 뜻하는 미리견(美利堅) 미국인들이 중국에 와서 나는 아메리칸이라고 얘기를 했겠지만 당시의 중국인들의 귀에 "아" 소리는 묵음으로 잘 안 들렸는지 아니면 표기상의 문제인지 어쨌든 "메이

리켄" (美利堅)이라고 표기했습니다. 그러다 앞에 "미" 美자만 딴 후 "미국(美國)이라 부른 게 현재의 미국이 된 것이죠.

우리도 중국식 표기의 영향을 받아 미국(美國)이라고 부르게 된 것이고요 일본에서는 아메이리카(亞米利加)라 부르다 마찬가지로 앞에 쌀 미(米)자만을 따와서 베이코쿠(米國)이 된 거죠.

여하튼 각설하고 왕 문채의 발음 때문에 라-멘이라는 새로운 단어가 만들어졌습니다. 그로부터 100여년의 시간이 흘렀지만 아직도 일본각지에 중화(中華)소바나 난징(南京)소바, 아부라(油)소바 등으로 쓰이는 곳은 아직도 심심찮게 보입니다. 그렇다고 지금까지 중국을 비하하는 뜻은 아닙니다. 이제는 자연스럽게굳어진 말이 되어진 것이죠.

삿포로시 외곽에 있는 라면집 중화 소바라고 쓰여진 간판, 이름에서 오해를 받을 만한 느낌이지만 맛 좋은 집입니다.

이 라면의 효시라 할 만한 음식이 제일 먼저 일본에 들어온 곳이 한 때 일본 유행가로 유명했던 "블루 라이트 요코하마"의 요코하마(橫浜)입니

다. 이 라면이 일본에 들어온 루트가 중국에 있던 네덜란드 동인도제도 회사 직원들이 통역과 집사일을 보던 중국인들을 (일본의 개항과 더불어 진출하게 된) 시모노세키 등지로 부임지가 바뀔 때 같이 데리고 온 데서 기인합니다.

이들이 다시 요코하마나 하코다테 등으로 옮겨갈 때도 같이 했던 광동성 출신의 중국인집사들이 전파한 것이 정설이라 합니다.

이 라면을 일본인중에 가장 처음으로 맛을 본 사람은 우리나라로 치면 암행어사 박 문수와 같이 암행업무를 보았던 미토 코오몽(水戸黄門). 그가 맛보았던 라면은 지금 라면과는 상당히 다른 음식이었을 것으로 짐작이 됩니다. 스프의 베이스로 소금과 간장 그리고 추운 지방에서 많이 먹었던 돈지루(豚汁)라 불리우던 돼지고기와 뼈를 우려낸 국물에 야채를 넣고 끓인 국이었다 합니다. 한마디로 우리네 감자탕과 비슷했을 겁니다. (감자탕은 돼지 등뼈를 이북에서 감자뼈라 부른 데서 연유합니다 돼지 등뼈 국인 거죠. 감자 많이 들어서 감자탕 아닙니다)

북해도의 경우는 다른 지방에 비해 상당히 길고 추운 겨울로 인해 좀 더 따뜻하게 해줄 음식에 대한 생각이 많았을 것으로 생각되고 그런 가운데 1954년 돈지루에 된장을 넣고 조미를 한 것이 된장라면의 원조로 알려진 아지노 삼폐이(味の三平)가 그 시작이라 합니다.

수십년간 라면 한 길만 걸어온 영감님들 만이 주방에 일하는 모습이 인상적인 가게이기도 합니다.

사실 추운 겨울날 눈 축제를 보거나 다른 일로 밖에서 일을 보다 보면 가장 먼저 생각나는 것이 바로 이 된장 라면이 아닌가 합니다. 먼저 국물한 숟가락 떠서 입안에 흘려 넣으면 짭짤한 맛보다도 먼저 그 따뜻함이와 닿아 국물이 끝내 줍니다.

저는 여름에는 보통 소금 라면이나 간장 라면을 자주 먹게 되는데 이걸보면 된장 라면이 무슨 중독성이 있는 건 아니고 그저 추울 때 가장 따뜻한 음식으로 떠올리는 삿포로사람들의 소울 푸드인가 싶습니다.

많은 여행 책자들과 가이드들이 무슨 공식처럼
삿포로는 된장라면,
아사히카와(旭川)는 간장 라면,
하코다테(函館)에서는 소금 라면을
먹어야 한다고 노래를 부르다시피 강조하는데 차라리 계절별로 맛을 보시면 어떨까 합니다.

라면 하면 의례 우리는 봉지에 들어있는 인스턴트라면을 떠올리는데 일본 여행중에 가벼운 기분에 일본 라면 맛이나 보자는 기분에 (지금껏 맛보던 그 라면 맛이리라 짐작하고) 먹게 되는데 일본 생라면의 맛이 익숙하지 않은 맛이라 그 다른 맛을 "맛이 없다"로 말하다 보면 일본라면은 맛보다는 앞서 경험한 사람들이 이야기하는 비싸기만 하고 느끼한 음식이 되 버린 것이 아닌가 생각합니다.

특히 우리가 처음 일본 여행지로 많이 가는 큐슈 지역은 후쿠오카를 중심으로 돼지뼈를 푹 우려낸 기름진 스프를 쓰는 돈코츠(豚骨)라면이 유명한 곳, 어느정도 라면을 맛본 사람들도 다소 느끼하게 느껴지는 센 맛인데 라면 초심자가 이런 류의 라면을 맛보면 십중팔구는

"우와 도대체 이리 느끼한 걸 어떻게 먹냐?"
"이거 한 그릇 다 먹으면 바로 화장실 가야할 것 같다"

북해도 전국 어디를 가도 다 있는 라면집은 어느 지역 이름을 걸고 있어

삿포로의 대표적인 라면거리인
"라멘 요코쵸(ラーメン 横丁)"

도 다 된장라면도 팔고, 간장라면 팔고 있고 맛은 나 서기서 거기인 정도로 상향 평준화되었다고 봅니다.

좀 쌀쌀한 계절이나 여러분이 좀 춥다고 느끼는 기온이라면 된장 라면을, 봄 가을정도의 날씨에 어느정도 라면 맛을 본 분들이시라면 간장 라면으로 조금 더 깊은 맛을 보시면 좋겠고, 여름이거나 느끼한 맛을 좋아하지 않는 분들이시라면 소금 라면이 맞을 겁니다.

이 일본식 생라면은 이미 일본인들의 소울 푸드로 자리잡았기에 어차피 온 일본이라면 한 번쯤 맛보는 것도 나쁘지는 않다 싶습니다.

저는 이 라면이라는 놈은 사실 우리네 짜장면과 같은 등급으로 봐야한다 싶습니다. 인천 공화춘에서 짜장이 처음 우리에게 그 얼굴을 드러낸 곳이라는 이야기는 다들 알지만 그 맛을 찾으러 가지 않아도 이미 우리 곁에 많은 중화요리집이 있고 맛도 거반 비슷한 수준에 올라선 것처럼 삿포로의 라면집들도 그러합니다. 하지만 그 와중에도 마침 계시는 근처에 유명한 맛집 라면가게가 있다면 그것 또한 일부러 피해갈 까닭은 없기에 몇몇 맛집과 명소들을 알려드릴까 합니다.

삿포로의 대표적인 라면거리인 "라멘 요코쵸(ラーメン 横丁)"

1972년 삿포로 동계올림픽의 준비작업의 일환으로 도로정비작업을 시행하던 중 당시 라면 포장마차집들이 몰려 있던 코우라쿠 라멘 메이텐가이(公樂ラーメン名店街)를 1971년 현재의 원조 라멘 요코쵸(ラーメン横丁)로 옮겨와 현재 17개의 가게가 영업을 하고 있습니다. 어디를 가도 다 맛이 좋습니다. 개인적으로 저는 삶은 계란을 공짜로 제공하는 시라카바 산소우(白樺山莊)와 포인트 적립을 해주는 히쿠마(ひぐま)를 추천합니다.

삿포로 라멘 쿄우와고쿠(札幌ラーメン共和)

JR삿포로역 앞의 에스타 빌딩 10층에 있는 라면 테마 파크로 북해도 각지역별로 유명한 라면집들이 입점해 있습니다. 하코다테의 담백한 소금 라면 맛이 일품인 아지사이(あじさい)가 입점해 있고, 진하고 센 맛이 특징인 지로쵸(次郎長)와 아사히카와 라면 집인 바이코우켄(梅光軒)의 특선 쇼유 라멘(特選正油ラーメン) 도 추천합니다.

나나베에(菜 兵衛)

삿포로 시민들이 뽑 는 맛집에 늘 뽑히는 라면집닭 뼈와 닭고기로 낸 스프가 내는 맛은
가히 일품. 마치 진한 콩국을 마시는 듯한 착각마저 들 정도로 진하고 담백한 국물은 단
연 비교불가. 장소가 외진 곳이다 보니 라면을 먹기위해 가는 게 아니면 가기 어려운 곳.
그런데도 가면 항상 줄을 서야하는 게 이해 안가는 집.

위치는JR 헤이와(平和)역에서 도보 15분정도

(札幌市白石區川下３－４丁目３－21)

TEL 011-873-8860

영업시간 평일 11:00-15:00, 18:00-21:00

토, 일 축일은11:00-15:00.

물론 이외에 사이미(菜未) 준렌(純連) 스미레(すみれ) 아지노 도케이다이
(味の時計台) 산빠치(さんぱち)등 삿포로 시내에만 300집 이상의 맛있는
라면집들이 있으므로 어디를 가시더라도 만족하실 겁니다.

도야호 인근의 국도변 외딴곳의 라면집, 쇼유(간장)라면 맛이 각별한 곳입니다.

소금라면의 진수 시레토코(知床)의
게 소금라면 !!
시골로 갈수록 볼륨감이 커지는 것은
우리나라나 일본이나 같다 싶습니다.

미나미 오타루의 난타루시장(南樽市場)입구의 밋깡(밀감이란 뜻)みっかん은

많은 일본 연예인들이 찾는 명소이기도 합니다.

북해도친구에서 도보5분거리에 있어 저도 자주 찾는 곳입니다.

교회

전체 국민의 0.5%미만의 국민이 기독교신자인 나라. 아시아에서 필리핀 다음으

로 기독교가 전파된 나라.

1549년 스페인 선교사 프란시스코 사비에르에 의해 기독교 전파.

1592년 임진왜란에 조선으로 들어온 선봉장 고니시 유키나가(小西行長)
기독교인이었다. 장수가 기독교인이니 그 휘하에 많은 병사들이 기독교인
이었을 것이다.

전쟁이후 도쿠가와 가문이 새로이 대두되며 기독교에 대한 탄압과 쇄국
이 이루어지며 일본에서 기독교는 쇠퇴하기 시작한다. 이후 근대에 들어
서며 서구열강들과의 교류 속에 다시금 기독교가 들어오기는 했으나 아
직도 미미한 정도이다.

처음 일본에 유학한다고 와서는 뭐가 뭔지도 모르게 정신없이 바쁘다보니 교회를 찾고 예배를 드릴 여유가 없이 한 두달을 지내다, 약간 숨 돌릴 정도가 되어 근처의 교회를 찾아보다보니 알게된 것이 정말이지 교회가 잘 안보인다는 것이었다. 아무리 날라리 예수쟁이지만 매주 드나들던 교회의 예배당을 한 두달 못가게되니 내심 불안(?)하기까지 한 것이었다. 그렇게 이리저리 찾아보다 가게 된 교회에서 언어는 달라도 익숙한 멜로디의 찬송가를 부를 때 감동은 간접체험이 불가능한 것입니다.

동경에서
오사카에서
그리고 삿포로에 와서도 계속 나가고 있는 교회

모자란 제 생각에 저는 교회는 마치 텔레비젼이 아닌가 생각합니다. 중앙방송국에서(예수) 쏴주는 전파를 받아 영상으로 보여주는 텔레비젼 말입니다.
기왕이면 총천연색 칼라 텔레비젼에 돌비 스테레요 사운드에 우퍼딸린 5.1채널 스피커달리면 좋겠지만 흑백이면 어떻겠습니까.
예전 믿음의 선배들은 라디오에도 든든히 십자가 붙잡았고, 동네어귀 스피커에서 울리는 이장님 말씀 같은 설교로도 천국영생을 맛보시는데 말입니다. 너무 텔레비젼에만 연연하지 말았으면 합니다. 요즘 목사님들 중에도 드물지만 배우 같은 분들이 계시다보니 (물론 어쩌다 한 두명이

긴 하지만) 예수님 코스프레를 하는 자들도 보이기도 합니다.

오히려 그런 자들이 예수께서 오시면 수표 몇 장에,
못 배운 놈이
직업도 갖잖은 놈이
신성모독이다하며 입에 거품물고 또 다시 십자가에 못질할지도 모릅니다.

중앙방송국은 물론 예수 그리스도이지 교단이고 총회가 아닐겁니다.
재림 예수같이 대접 받고싶다면 그에 걸맞는 말과 행동이 따라야 할것입니다. 그 예쁜 주둥이로 돈얘기만 주구장창 외치지만 말고 한 번이라도 한강물로 포도주까지는 아니더라도 막걸리라도 만들어 서울시민들에게 공짜로 한번 맛보게 해주던가 아니면 아브라함처럼 아들 이삭을 제단에 바치던가, 하는 정도는 하고 남 앞에서 입을 벌려야 할 것입니다. 평생 헌혈 한 번 안해본 사람이 보혈이 어쩌고 교통질서를 밥먹듯이 위반하는 자들이 율법이 저쩌고 하면 도무지 믿음이 가지를 않을 겁니다.

제가 이런 성격이다보니 삿포로에 있는 한인 교회란 교회는 거의 다 가보고 교회 분위기를 파악합니다. 패키지 관광으로 나오신 분들이야 아무리 믿는 분들이라도 주일예배에 참석하시기가 쉽지않습니다. 일정이 빠듯하고 숙소가 매일매일 다른 곳으로 바뀌니 예배 드리기는 거의 불가능 하므로 개별적으로 오셨지만 주변에 교회가 어디에 있는지도, 어떻게 가야 하는지도, 예배시간도 모르는 분들에게 추천해 드리고픈 교회가 있습니다. 먼저 제가 출석하는 오타루침례 교회입니다. 집에서 가장 가까운 교회이어서 도보로 3분이면 가는 곳입니다.

저는 아버지와 어머니가 서울소재 장로교회에 출석하시고, 저 또한 교회에서 결혼식을 올렸기에 교회 인식표를 집 현관문위에 붙여놓고 있습니다. 사실 장로교니 침례교니 하는 구분이 크게 없는 일본에서 지금 제가

출석하는 교회에서는 우리나라에서 자주 부르던 찬송가를 부를 일이 많아 아무리 가사를 따라 부르기 어려워도 곡이 같으니 우리말로 찬송할 수 있어 예배드리는 마음이 한결 편안합니다. 교인들은 대부분 연세들이 있으셔서 차분한 분위기, 저는 더욱더 마음이 편안해지는 곳입니다.

나이는 그리 많이 먹지 않았는데도 저는 교회에서 드럼치고 기타치고 음악에 맞춰 율동하는게 정말이지 싫습니다. 물론 그런 분위기를 좋아하시는 분들도 계시겠지만요. 아무튼 전 교회에서는 차분하게 예배드리고 조용히 기도드리는게 좋더라고요. 하지만 오타루 침례교회의 불편한 점은 목사님의 설교가 일본어밖에 없다라는 것입니다. 통역기도 없고 또 목사님이 한국어가 안되시는 분이기 때문입니다.

이곳의 목회자는 에이카즈 아이(愛) 목사님

여자분이시고 영어는 교단 행사 통역으로 많이 하실 정도의 실력파이셔서 외부활동을 많이 하십니다. 어르신들이 많은 교회인지라 쉬운 일본어를 구사하셔서 저같이 짧은 일본어실력으로도 알아들을 수 있기에 어느 정도 일본어가 되시는 분들이라면 추천해드리는 교회입니다.

제가 출석하였던 교회중에 가장 젊으신 목사님이 목회하시는 곳이 에베츠(江別)에 있는 분쿄다이 레인보우 교회였던 것 같습니다. 젊다고해도 삼십대 후반이거나 사십대이실터인데 잠을 달게 주무셔서 인지 얼굴이 엄청 동안이십니다. 사모님도 마찬가지시고요.아드님도 엄청 씩씩하고 맑아서 보기만해도 절로 웃음이 나오는 예쁜 아이.

삿포로 살 때 다섯곳의 교회를 둘러보고 마지막으로 정한 곳이었습니다. 오타루로 이사오고 난뒤로 아무래도 먼 거리이다보니 못가고 있습니다만, 다시 삿포로에 게스트하우스 오픈하게되면 격주로라도 가서 예배드리고 싶은 교회입니다. 예배후의 맛있는 점심식사는 별미, 거기다 공짜 곱빼기로 먹어도, 추가로 더 먹어도 꽁짜! 가실 때 한국에서 가져온 김이나 과자를 가져가시면 교우분 모두에게 축복을 받으실 수도 있습니다~

한국에서 오신 레인보우교회의
김 주환 목사님과 홍 성아 사모.

분쿄다이 레인보우 교회(文京台レインボー 敎會)에 가시는 방법을 알려드립니다.

삿포로역에서 JR하코다테본선(JR函館本線)을 타시고 역이름이 좀 이상한데 우리말로

는 대마초 할 때 대마(大麻驛)역에서 하차하시면 되십니다. 일본어로는 "오오아사"라고

읽습니다. 전화번호 011-386-7750, 인터넷주소는 http://revival-jp.org

북해도의 흰눈 같은 깨끗한 말씀에 힘을 얻으실겁니다. 미리 연락주시면 교회에서 역까

지 송영 나가주십니다. 완만한 언덕길이라 여름에는 걷기 좋습니다만 겨울에는 많이 미

끄럽기때문입니다. 오타루 침례교회는 저희 민박집에 오시면 바로 코앞이라 누구라도

찾으실 수 있습니다.

그러므로 여호와께서 그의 사랑하시는 자에게는 잠을 주시는도다

시편 127장 2절

개 썰매

영하20도의 차가운 칼 바람 그리고 눈과 얼음만이 있는 은세계의 한 가운데 조용

한 정적을 깨며 어디선가 숨찬 개들의 울음소리와 거센 목소리가 울려 퍼진다.

"컹컹"

"핫!"

"워 워"

겨울 놀이의 끝판왕

개 썰매이다. 북해도의 겨울이 주는 이미지는 참으로 맑고 깨끗하다.

청정의 자연속으로 내리쏟아지는 강렬한 태양빛

흰 눈과 얼음 뒤덮인 산하

밤이면 살아있는 모든것들의 움직임을 멎게 할 듯한 차갑고 차가운 공기

청정한 대지를 캔버스로 한 밑그림 같은 단순 명료함 어쩌면 그보다 하얀 한지 흰 종이위로 그려지는 한 줄기 난초 잎 같은 고요함과 역동감이 그려지는 것 그것이 바로 개썰매일 것이다.

혹한의 시베리아 벌판을 가로지르는 사냥꾼
알래스카의 에스키모들의 물개사냥
1911년 13마리의 개가 끄는 썰매로 남극점에 도달한 아문센이 가는 모험과 탐험의 길.

인간이 살기위해 사냥을 하면서 처음으로 만난 친구가 개였다 합니다. 특히나 극한지의 사냥꾼들에게 이동과 수렵을 동시에 해결할 수 있는 동물로서 개 만한 동물이 없었을 것입니다. 사냥꾼에게 추위에 약하고 풀을 먹어야 하며 몸무게가 무거워 산지나 약한 얼음위에서는 많은 행동의 제약이 따르는 말이나 순록 같은 동물보다는 행동이 민첩하고 아무거나 잘 먹고 잔병치레 안 하는 개는 최고로 요긴한 이동수단이자 생존무기였을 것입니다. 한마디로 머슴과 비서 그리고 경호원 역할까지 하는 팔방미인인 거죠.

"쓰리 독 나이트"(Three Dog Night)

미국의 팝 그룹이름처럼 초기 미국을 개척한 이들도 알래스카의 춥고 긴 밤에는 한 마리의 개를 껴안고 그보다 더 추운 겨울 밤에는 두 마리, 세 마리를 안고 잠을 잤다고 하는 이야기를 들은 적이 있습니다. 개썰매는 새로워서 재미있는 게 아니라 어쩌면 오래전 우리의 일상이었기에 즐거운 것은 아닌지 모르겠습니다.
가만있어도 추운 영하10-20도의 칼바람을 바로 코앞에 마주하고 달리는 것으로 체감온도는 영하30-40도 결단코 쉬운 일이 아닙니다.

상남자.
초월녀가 아니라면 감히 엄두가 안나는 것이다.

밀워키, 마르세이유, 보스톤과 같은 위도상의 북위43의 지구촌 북해도의 어느 한적한 마을 엔가르쵸(遠輕町).

사방은 온통 눈으로 뒤덮여 흰색만이 보이는 은세계이다. 고속도로 톨게이트를 나와 눈으로 어디가 길인지 밭인지 구분 안가는 시골길을 몇 분을 올라가노라면 왼편에 나지막한 학교건물이 보인다.

인적없이 조용하던 폐교에 자동차 엔진소리와 인기척이 나자 적막을 깨고 억센 톤의 개 울음소리가 나는듯 하더니 이내 모든 개들이 짖어댄다.

폐교된 초등학교의 낡은 교사와 덩그런 한 운동장 한 켠으로 차갑고 조용한 공간을 메우는 울음소리는 갈수록 요란해진다.

이 녀석들의 이 요란한 울음은 오늘 자기네와 함께 달려줄 사람이 왔구나 하는 반가움의 표시인 것이다. 교사 왼편에 위치한 마치 동물원 맹수우리 같은 쇠창살 우리 안의 개들이 뿜어내는 입김이 주변 가득 피어 오르는 것 또한 너무나도 인상적이다.

개 짖는 소리에 아웃 라이더의 사장이자 이곳 개들의 보스(musher)인 무라바야시(村林) 씨가 웃는 얼굴로 나온다. 이곳 아웃 라이더는 엔가루쵸(遠輕町)로 옮겨 오기 전 미나미 후라노(南富良野)의 카나야마 호수(金山湖)인근에서 시작했을 때 알게 된 후의 인연으로 지금도 가끔씩 찾고 있는 곳이다. 조용한 가운데 인기가 있다 보니 한창 성수기에는 예약 없이는 거의 불가능에 가까운 정도로 많은 사람들이 몰리고 있기 때문에 좀 일찍 예약을 하지 않으면 안된다.

하루 최대 이용가능 인원은 7명.

6마리나 8마리의 개들이 한 조가 되어 썰매 하나를 이끌게 되다 보니 많은 사람들이 한꺼번에 이용할 수가 없는 것이다. 손님이 많이 온다고 갑자기 썰매개들을 늘릴 수는 없는 노릇이지만 조금씩 늘려 나가려 한다고 한다. 바이크 타기를 즐기는 처지로 여름과 가을 녘에 바이크 투어 나왔다 한 두번씩 들르면서 본 바 썰매개들의 훈련이 어떤지 알다 보니 고개가 끄덕여졌다.

눈썰매를 끄는 개들은 약 20키로의 거리를 사람이 탄 100키로 정도의 눈썰매를 끌 수 있어야 하므로 체력 훈련과 팀웍 훈련은 필수 중에 필수이다. 대략 10월 들어서면서부터(아직 눈이 없는 때이다 보니) 사륜의 둔버기에 하네스를 채운 개들이 천천히 끌면서 약 2키로정도를 이동하는 훈련이다. 이 둔버기의 무게가 약200키로에 이르니 20키로 남짓의 개들에게는 상당한 무게일 것이다. 워낙 추위에 강한 녀석들이라 훈련은 기온이 10도 이하로 떨어진 선선한 날씨이어야만 한다. 그다지 춥지않은 영상 5-6도의 날씨임에도 훈련중의 개들이 내뿜는 입김이 담배연기처럼 선명히 보인다. 사람으로 치면 모르긴 몰라도 해병대의 고무보트를 머리에 이고 1-2키로가 아니라 10키로는 이동하는 정도의 강도일 것이리라.

미국과 캐나다의 개썰매는 보통 말라뮤트,사모예드, 시베리안 허스키 등이 많이 쓰여지나 아웃라이더에서는 썰매개를 목적으로 교배된 알래스카 허스키라는 잡종이 쓰여진다. 이 녀석들은 극한지에 적응하기위한 신체구조로 보온력 강한 털가죽과 튼튼한 허리와 다리 그리고 고칼로리의 음식도 잘 먹는 강인한 소화기관을 가지고 있다.

거기에 혹한의 눈밭일지라도 막간의 휴식으로 바로 재충전이 되는 엄청난 스테미너를 지니고 있다.

재미있게도 개들 간에도 서로 호흡이 맞는 녀석과 맞지 않는 녀석들이 있어서 호흡이 맞지않는 녀석과는 같은 짝이 안되려고 주변에 가까이 오면 서로 물어뜯는 싸움이 벌어진다. 때문에 머셔는 이러한 관계를 고려하여 팀을 구성한다.

이런 이유로 리더개들의 역할이 중요한데 다른 개들을 잘 인솔하기 위해서는 상황파악과 다른 개들끼리의 유대관계를 잘 조절하는 포터 콜리 종과 교배를 시켜 얻은 녀석들을 쓴다고 한다.

그 외에는 빠른 스피드와 지구력을 요하는 팀원역할의 개로서 사르키, 하운드 종과 교배된 녀석들이 선수로 뜁니다.

처음 개썰매를 탔을 때는 그저 스키타는 감각이려니 했는데 막상 타보면 스피드감은 스키보다는 떨어지지만 스키의 미끄러지는 느낌이 아니라 끌려가는 느낌이라 양 옆으로 흔들리는 썰매의 중심을 잡아야 하는 것이 중요하다는 것을 알게 됩니다. 썰매를 끄는 개들과 내가 하나가 되어야 서로가 힘들이지않고 원활한 주행이 이루어지기 때문에 개들은 머셔의 동작과 목소리에 민감한 반응을 나타냅니다.

일례로 스피드가 겁이 난다고 자주 브레이킹을 하게 되면 개들이 금새 지치고 심할 경우에는 리더견조차 달리기를 멈추는 일도 있고 또 마냥 신이 난다고 좌우로 흔들리는 롤링과 앞뒤로 흔들리는 피칭을 제대로 제어하지못하면 어느 코너길에서 썰매가 전복되어버리고 개들은 가벼워진 썰매에 신바람 나서 순식간에 눈 앞에서 사라지는 일도 있습니다. 물론 하루짜리 투어에서야 보스(안내인)가 개들을 세우고 썰매를 다시 멈추지만 일박 이일 박투어에서는 죽어라 뛰어가 잡아야 한다.

머셔의 평정심과 개들과 나와의 팀웍

이 두가지만 놓치지않는다면 도무지 글로서 설명할 수 없는 감동을 느끼실 겁니다. 처음 시작은 평지의 순탄한 길이나 조금씩 코너와 높이를 달리하는 지면으로 접어들면서 재미는 배가됩니다. 30여분정도마다 한 번씩 휴게를 하다 한 시간 가량 달려왔다 싶을 때부터 접어드는 산길 코스는 십 미터 이십 미터 간격으로 마주하는 꼬부랑길에서는 썰매가 넘어가거나 썰매에서 떨어지지않으려 안간힘을 쓰다 보면 온몸의 신경이 곤두섭니다.

비록 높지 않은 산, 큰 언덕 정도이지만 정상 근처에 이르면 썰매의 속도는 걷는 것보다 느려집니다. 썰매개들도 약하거나 어린 놈부터 오줌을 싸거나 똥을 지리기 시작합니다. 달리는 도중 연신 길가의 눈을 씹어 삼키며 온 몸의 열기를 식히려는 개들이 안쓰러워 마지막 고갯길 언덕을 오

를 때 썰매에서 내려 같이 달리다 보면 온 몸이 불덩이처럼 달아오른다

이내 두툼한 파커를 벗고 개들과 함께 뛰며 도착한 중간 기착지에서 달아 오를대로 달아오른 개들을 앵커로 고박시켜 놓고 나면 젖은 솜같이 지친 몸은 스러지듯이 두 팔 벌리고 눈밭에 누워 버린다.
"학학.."
거친 숨을 몰아 내치며 하늘을 올려다보고 있노라면 어느새 주변으로 모여든 썰매개들이 얼굴과 손과 발을 핥아준다.

"아저씨 고마워요"
"언덕길에 썰매에서 내려 우리와 같이 뛰어와준 거 정말 고마워요"
라며 말을 건네는 듯한 눈동자에서 야릇한 동질감마저 느껴지는 것은 개썰매 감동의 백미이기도 하다.

중간 기착지에서 무라바야시 상이 끓어주는 사슴고기 스튜 한 그릇을 곁들인 사냥꾼들의 식사를 마치고 한 시간 가량의 휴식을 취하고 원래 출발점으로 다시 출발한다. 북해도의 겨울은 오후4시면 벌써 일몰에 가깝고 해가 떨어지기 시작하면서 바람도 더 매서워진다. 리턴은 올 때 보다 더 천천히 진행해 내려간다.

이유인즉 내려가는 도중에 썰매가 전복된다던가 다른 사고가 생기게 되면 어둠속에서 대처하기가 어렵기 때문에 최대한 안전사고에 유의하며 돌아오기 때문이다. 내려오는 귀로는 벌써 개들도 머셔의 움직임을 이해하고 머셔 또한 개들의 움직임에 어느덧 익숙해져 있기에 불안감없이 돌아오게 됩니다.

저는 이 과격한 겨울 놀이의 최고봉인 개썰매를 떠올릴 때마다 늘 떠오르는 사람들이 있습니다.

대구사투리를 쓰는 자제분들과 90줄의 이북사투리를 쓰시는 어머니, 서울에서 지이티플러스라는 회사를 경영하시는 박 종희 사장님 가족입니다. 치매기가 있으신 어머니를 모시고 형님내외와 누님과 함께 한 겨울 북해도 가족여행을 오셔서 유명한 관광지보다는 일부러 눈 많은 곳들로만 돌며 노모의 고향인 이북의 정취를 맛 보이게 하시려 했던 효자입니다. 추위에 오돌오돌 떠시면서도 소녀처럼 즐거워하시는 노모의 모습을 보며 "할마시가 안춥나 모르겠따"며 늙은 어머니의 옷섬을 추스리는 모습이 제게는 너무도 아름답고 멋지게 비추어졌습니다. 할머니가 여행내

내 별말이 없으시다가 잠시 잠깐 정신이 돌아오시면

"저거이 나 때문에 혼자야…"하신다

주변에 아무도 안계시고 저만 있을 때 어르신이 무안해 하실까 싶어

"어르신 뭐가요?"하며 물어보면

"저거이 막내…내가 결혼을 반대해서 아직 혼자야…"

그래 무슨 이야기인지 다시 여쭤볼라치면 답이 없으시다.

아마도 대학 때인지 대학 졸업 후 얼마 안 되어 박 사장님과 교제하던 여자분과의 결혼을 무슨 이유인지는 몰라도 노모께서 반대하셨던 모양이다. 물론 교제하던 여자분은 다른 분과 짝을 맺으셨고 이후 박 사장님은 사업에만 전념하고 지금껏 독신이다. 그게 가슴에 남으셨던 어르신은 정신이 돌아오면 나이 먹고도 혼자사는 막내아들 걱정에 혼잣말을 내뱉으시는 것이었다. 벌써 서너 번을 같이 여행 다니다 보니 그냥 아는 동네

형님들 누님들 같은 기분이다. 묵직한 큰 형님과 다정다감한 형수님

그리고 영원한 엄마의 친구인 따님이신 누님

그리고 박 종희 사장님

마음속으로는 형님이라고 부르지만 겉으로야 어디 그런가

하지만 겨울날 눈 내리고 소복소복 쌓인 눈 위로 우리집 강아지 야마와

산책 나가는 길이면 늘 떠오르는 얼굴들이다. 아직 여름이 시작도 안 한

때이지만 같이 했던 지난 겨울여행이 떠오른다

"형님 다음에는 형수님하고 같이 개썰매 타러 가시자고요~"

미지로 가는 길목에 길동무로 왠지 몸집 작은 개가 기다리고 있음에 안쓰

럽다고 생각하지 마시길 썰매개들은 기본적으로 하루 30-40키로를 뛰어

다녀야 하는 체력이 좋고 많은 운동량을 필요로 하는 친구들입니다. 같

이 운동하는 동네친구 만난다는 가벼운 기분으로 가시면 됩니다

다만 언덕길 오르는 험난한 코스에서 잠시 같이 뛰어 줄 약간의 체력은

필요할지도 모릅니다 그 마음씀씀이에 흥부의 제비가 박씨 물고 오듯이

어쩌면 평생 개고기는 먹지못하게 될 감동을 위장 가득 담아오실지도 모

릅니다.

개는 혀끝이 아닌 발끝으로 느껴야 재미있지요~

"니들이 개 맛을 알아?"

아웃 라이더 북해도 소재의 정통 개썰매 업체 www.outrider.co.jp

당연하지만 전화와 인터넷으로 예약하실 수 있습니다. 규모가 그다지 크지 않다 보니 외국어 대응이 되지는 않습니다. 예약에 불편을 겪는 분들이시라면 연락주시면 예약대행을 해드리겠습니다. 요금은 일인 19,800엔 (세금 포함) 어린이 요금은 따로 없으며 유아나 초등학교 저학년생은 썰매를 콘트롤 할 체중과 체력 미달로 불가입니다. 대략 초등학교 4학년 이상정도부터 가능하다고 보시면 됩니다. 한정된 시간에 맞춰 움직여만 진행시간에 맞춰 끝낼 수 있다 보니 시간은 절대 엄수 하셔야 합니다. 예약 시 아웃라이더에 정시에 올 수 있게끔 엔가루쵸에 가까운 곳에 숙박하라고 권하는 정도이니 시간은 절대 맞춰 가셔야 합니다. (시간당 20-30센티 쌓이는 눈을 맞부딪치면 이게 무슨 말인지 금새 이해하십니다. 10미터 앞이 안보입니다…)

코스로는 오전 10시부터 오후4시까지의 일일 투어와 1박2일로 야영을 하는 본격 개썰매 코스가 있습니다. JR삿포로역에서 출발하는 07:21분발특급 오호츠크1호를 타시면 JR시라타키역에 10:20분 도착하고 아웃라이더의 송영차량으로 출발점인 폐교로 이동하실 수 있습니다. 대중 교통을 이용할 경우 대략 오전10:30정도에 개썰매 타실 때 주의 사항과 썰매개와의 유대관계를 원활케 하기 위해 개썰매 타는 분이 직접 개에게 하네스를 채우고 썰매에 줄을 연결하는 작업을 진행합니다. 주의사항은 개들의 달리기 본능으로 인해 멈추면 배의 앵커(닻)같은 브레이크를 눈밭에 확실히 고정시켜야 하는것과 개들과의 호흡을 맞추기 위해 서로 간의 의사소통방법을 통일합니다. 출발할 때는 짧고 강한 어조로 "핫!"이라고 하고 속도를 줄일때는 "워-워"라고 하는 것 같은 간단한 안내를 받습니다. 춥다고 밍크코트에 발리나 에르메스의 장갑을 챙겨 오기는 했지만 아무리 돈이 넘쳐나도 험한 데서 쓰고 싶지는 않지요.

"이거 비싼건데…" 망가지면 어쩌지 하는 ..

그런 걱정은 안 하셔도 됩니다. 워낙 추운 날씨에 추운 곳에서 진행하는 놀이이다 보니
신발과 장갑 그리고 방한코트 등을 무료로 대여해주므로 복장에 대한 부담감도 없습니
다. 다른 부분은 그다지 크게 신경 안 쓰셔도 되지만 워낙 적은 규모이다 보니 예약만큼
은 일찍 하셔야 하므로 조금 일찍 예약해 주셔야 합니다.

"최소 한 달 전입니다~멍멍"

온천

지구상에서 일어나는 화산활동의 약90%는 바닷속에서 일어나고.

나머지 10%정도가 육상에서 일어나는 화산활동인데 이 육상 화산활동 중 50%정도가 일본에서 일어난다고 합니다. 연 평균 약 7,000-7,500번 정도의 지진이 발생하며 이중 몸으로 느낄수 있는 정도의 지진만해도 약 1,000번이상 이라 합니다.전국에 110여개의 활화산이 있는 일본은 한마 디로 지진대국입니다.

많은 분들에게 일본하면 가장 먼저 떠오르는 이미지가 무엇입니까? 하고 물어보면 보통은 기모노, 사쿠라, 일본도, 마쓰리, 스시, 지진, 신사(神社) 등이 나옵니다. 물론 저 또한 일본에 와서 살기전까지는 대략 그 정도였 습니다. 유학와서 처음으로 겪어본 지진은 목조건물의 좁은 하숙집나무 계단을 내려오다 쿵소리와 함께 온 집안이 덜덜 떨며내는 삐꺽삐꺽대는 소리와 잠시 후, 다가온 엄청난 흔들림에 아무런 움직임도 취할 수 없다는 충격과 이러다 건물이 무너지면 그야말로 그대로 깔려죽거나 생매장되겠구나하는 두려움이었습니다.

일본은 어디선가 매일매일 마쓰리(축제)가 일어나는 나라라고 합니다. 그와 함께 어디선가에서는 지진이 일어나는 나라이기도 하지요.
하지만 이런 화산활동으로 얻어지는 특혜가 바로 온천이 아닌가 합니다.
일본전국에 지천으로 깔린 온천과 더불어 고온다습한 기후가 자연스레 목욕이 일상의 습관이 되어졌을겁니다. 오사카의 어느 여름날 햇빛 쨍쨍 내리쬐이던 오사카성을 향해 걷던 그 언덕길, 도쿄 신쥬쿠역앞 횡단보도 앞에서 신호대기하던 그 짧은 시간이 얼마나 길게 느껴졌는지…
그 습하고 무더운 여름날을 경험해본 분이시라면 하루 일과를 마친 후의 목욕이 얼마나 기분좋고 시원한지 아실겁니다.

제가 와서 처음 살던 곳은 목욕탕이 딸리지않은 싸구려 하숙집인지라 아무도 없는 저녁에 양동이에 물담아 가지고 내려와 순서대로 등멱을 해가며 몸의 땀을 씻어내곤 했습니다. 하지만 아무리 등멱으로 몸의 땀을 씻어낸다한 들, 한 여름 더위에 가만있어도 땀이 나는 염천의 일기하에 자전거타고 또 시간에 쫓겨 뛰어다니다보면 온몸 곳곳에서 스멀스멀 땀냄새가 피어 오릅니다. 사람들 많이 모인곳에는 갈 엄두가 안나고, 어렵사리 얻은 아르바이트를 하는 곳에서도 핀잔을 듣게 되니 아무리 돈없는 유학생들이라도 일주일에 한 번정도는 동네 목욕탕인 센토(錢湯)에 가서 뜨뜻한 탕에 몸을 담그며 피곤을 씻는 법을 자연스레 배우게 됩니다. 일본의 대중목욕탕은 대장균이 살 수 없는 온도인 40도씨 이상의 온수이기에 처음엔 감히 발조차 불쑥 넣지못하죠. 천천히 발 담그고 그리고 어느정도 익숙해지면 허리까지 그리고 마침내 목까지 담그게 되면 그 기분은 말하기 힘들정도의 즐거움입니다.

우리의 이런 모습을 멀끔이 보던 동네초등학생녀석이 픽- 코웃음치며 슬로우모션의 영화속 장면처럼 자연스레 그것도 너무나도 아주 자연스레 탕안으로 들어오며 마치 동물원의 하마처럼 턱까지 담그고 자기 앉아있기 좋은 자리로 이동하는걸 보면 모두가 덤앤 더머 표정이 되었던 기억이 새록새록 합니다.

더욱이 그런 열탕속에 몸을 담그고 있기는 있어도 그 뜨거움이 아직 완벽히 제어된 상황이 아니다보니 동네 노인이던 누군가가 탕의 물 온도를 맞추기 위해 휘졌기라도 하면 다들 뛰쳐 나왔던 기억이 납니다.

가난한 유학생이 비싼 일본 물가에 아끼고 살다보니 일주일에 한 번정도밖에 못오는 이런 뜨뜻한 물이 나오는 곳에 오면 남녀노소 할것없이 (다들 어쩔 수 없는) 한국인들인지라 탕에서 불린 때를 밀고 싶어 옆 사람 눈치채지 못하게 조심스레 팔 다리등의 때를 밀다가 사람이 없는 틈을

타 서로의 등을 밀다가 탕 청소하러 들어온 주인의 눈에 띄어 때밀지 말라는 경고와 때를 밀 것 같으면 두 번 다시 오지말라는 경고마저 들었던 기억이 납니다.

그렇습니다 어쩌다 명절때나 하고 한달에 한 두번정도하던 우리네 목욕과는 다르게 날마다 담그는 입욕(入浴)은 일본인들에게는 때를 미는 세신(洗身)의 의미가 아니라 마음의 피로를 푸는 그리고 그 날의 반성을 하는 기도의 시간이다 싶습니다.

여기에 저는 입욕에 가장 큰 메리트로 꼽을 수있는 것이 바로 **"숙면"**이다 싶습니다.

"깊은 잠"

이 사람들은 목욕을 통해 그 날 하루의 피로와 스트레스를 씻어내고 매일매일을 앞을 향해 똑바로 쳐다보며 힘차게 나아갔던 것입니다. 어쩌면 일본은 이 목욕으로 척박하고 자연재해 많은 땅에서 세계최고의 경제대국이란 잘사는 나라를 만들었지도 모르겠습니다.

사실 저는 2017년 5월 봄바람타고 제가 좋아하는 BMW 모터사이클에 몸을 실고 우리나라에 갔었습니다. 바이크타고 우리나라를 둘러보고 일본라이더들에게 우리나라의 이곳저곳 멋지고 착한 사람들을 보여주고 싶었습니다. 약 한달간 우리나라 높은 곳 낮은 곳 여기저기를 돌아다녀봤습니다. 서풍부는 봄철의 우리나라는 마치 존 웨인이 나오는 서부극 오케이 목장의 결투 촬영장같더군요. 시도 때도 없이 불어대는 모래바람 헬멧 사이로 들어오는 먼지는 앞을 주시하기는커녕 숨쉬기조차 답답해 연신 기침이 나오고 일반국도를 100키로 넘게 질주하는 철마들, 무심한 보안관들…

특히나 일본번호판을 달고 있으려니 벼라별 대쉬가 하루에도 수 십번 연출되어지니 관광이 아니라 그야말로 콜로세움의 노예 검투사가 된 기분이더군요. 한 번은 하도 미친듯이 달려와 뒤쪽에서 밀어부치기에 갓길로 바이크를 비켜주고 도대체 무슨 급한일로 저리 달리나 싶어 뒤쫓아가보니 웰 마트로 들어가는게 아니겠습니까.

장보러 가는 길에 시속 150km로 달리고, 추월해서 가도 될 길을 뭐가 그리 뒤틀렸는지 클라숀 울리며 길 비키라 생떼를 쓰고 고작 가는 곳이 슈퍼마켙이다니, 아 이건 아니다싶어 한 마디했더니

"한국분이셨어요?"

"쪽발이인줄 알고 그랬어요"한다

한국인이던 일본인이던 아니 미국인이던지 아니 하다못해 외계인이더라도 기본으로 지켜야 할 것들이 지켜지지 않는 것에 적잖이 실망했었습니

다. 그런데 말입니다 이런 일들을 곰곰히 생각해보니 어쩌면 모두들 제대로 잠을 자지 못해서 이리들 아드레날린 분수처럼 뿜어져 나오는 긴장감이 아니며 만족을 모르기에 저러는게 아닌가 싶어졌습니다.

우리나라에서 자동차로 갈 수 있는 제일 높은 곳이라 불리는 정령치나 노고단 같은 곳에조차 어디선가 멀리서 들리는 차소리 같은 잡음과 소음이 상당히 거슬렸습니다. 제가 사는 오타루 민박집은 비록 낡고 허름한 집이지만 주변이 조용해서인지 여행길에 피곤해서인지는 몰라도 모두들 늦잠을 자는 것으로 유명합니다. 하여 일본인라이더들을 위한 안내서를 준비하는 것보다 우리가 깊은 잠 자는게 더 급하고 중요한 일이라 여겨져 이리 목욕이라는 주제의 글을 쓰게 되었습니다.

그렇다면 목욕문화가 성한 일본에서 입욕은 누가 최초로 했을까하여 찾아보았습니다.

일본건국신화에 나오는 최초의 남신 이자나기(伊邪那岐)와 여신 이자나미(伊邪那美).

부부신인 이둘 사이에서 많은 신들이 태어나는 중 여신이 불의 신을 출산하던 중 그만 죽는 바람에 황천으로 가게 된다. 남신은 죽은 여신을 잊지 못해 황천으로 찾아가게 되고, 천신만고끝에 만난 여신과 같이 돌아나오려 한다.

어두컴컴한 암흑의 황천을 벗어나기 전까지 절대 자신을 보지말라는 여신의 당부를 어기고 뒤돌아보게되니 이미 썩기시작한 여신의 몸을 뒤덮고 있는 구더기들을 보고 혼비백산 놀라 혼자 이 세상으로 도망쳐 돌아오게 된다. 여신이 쫓아나오려는 것을 큰 바위로 황천(黃泉)의 입구를 막아놓고는 남신은 지금의 미야자키(宮澤)인근의 물웅덩이에서 더렵혀진 몸을 담그며 목욕재계하였다.

몸을 씻으며 이나자기는 스스로 자식 신(神)을 만들기로 하고,
왼쪽눈을 씻으며 아마테라스 오오카미(天照大神)를 뽑아낳고,
오른쪽 눈을 씻으며 쓰쿠요미노 미코토(月讀命)를,
코를 씻으며 스사노오노 미코토(須佐之男命)를 뽑아 낳았다..

- 고지키(古事記)에서 -

신화의 내용이 난해해 여러가지 해석이 나오고 있기도 합니다만 여기서 물에 몸을 담근다는 것은 단순한 목욕이 아니라 스님들이나 수도자들이 폭포 같은 곳에서 쏟아지는 물을 맞으며 마음을 가다듬는 수련과도 같은 목욕재계(沐浴齋戒)가 단순히 때를 미는것만은 아니라는 것이죠. 마이너스 이온으로 가득한 깊은 산속 폭포수 떨어지는 기막힌 절경은 아니더라도 따뜻한 온탕에 앉아 조용히 있다보면 이런생각 저런생각 떠오르고 그 와중에 아주 잠깐 깊은 생각에 빠지기도 합니다.

이런때 이데아(Idea)의 세계로 들어갔다 쓸만한 아이디어(idea) 하나씩 얻어가지고 나오면 얼마나 좋겠습니까.

저는 우리나라 국민 모두가 목욕을 통해 몸은 씻고 근심은 버리고 거기다 창조적인 생각을 얻어나온다면 정말 금새 세계최고로 살기 좋은 나라가 만들어질거라 생각합니다. 목욕 하나만 잘해도 좋은데 하나를 하면서 두 가지 세가지를 얻을 수있으니 이는 어쩌면 신이 인간에게 준 가장 공평한 행복유지법인지도 모르겠습니다.

자 그럼 이 좋다는 온천과 목욕이 뭐가 좋은지와 어떻게 담그면 되는지를 알아보겠습니다. 온천 그 자체로서 얻어지는 효과로 물리적 효과, 화학적 효과, 변조효과가 있다합니다.
온천이외의 효과로는 일상과는 다른 환경을 통해 얻어지는 전지효과(轉地效果),적절한 온천욕후에 생기는 식욕으로 얻어지는 식사효과(食事效果) 온천욕을 하면서 생기는 운동효과(運動效果) 그리고 이런 상호보완하는 작용과 효과로 수반되어지는 휴양효과(休養效果)가 대표적이다 할 것입니다.

간단하게 요약하면 물리적 효과로는 온천에 몸을 담그게 되면 받게되는 부력, 온기, 수압등을 통해 자연스레 천연의 맛사지 효과와 체중을 지지하던 각 부위가 원상 그대로 편안한 자세를 갖추게 되어지니 이완효과를 얻고 여기에 화학적 효과로 삼투압현상이 발생한다 합니다. 온천의 온천수질에 따라 약간의 정도차이는 있겠지만 온천물속에는 많은 량의 미네랄과 철,소금 ,유황등의 성분이 녹아있어서 인체가 온천에 몸을 담그게 되면 대략10분 전후하여 인체내의 소량의 중금속이나 전해질성분등이 비중이 높은 온천수로 빠져나가려 한다합니다.

이 때 우리의 뇌는 인지를 하지못하지만 간 만큼은 이에 반응해 최대한 빠져나가지 못하게 힘을 쓰게 된답니다. 간은 평상시 인체내 총혈액량의 10-13%를 모아두고 있고 이는 대략 450밀리리터정도라 합니다. 그런데 이렇게 혈액성분이 체외로 빠져나가는 비상사태가 발생하면 600-700밀리리터의 혈액을 간이 불러들여 놓으니 간댕이가 띵띵 불어납니다. 그러다보니 이렇게 엄청난 일을 죽기살기로 해낸 간은 마침내 어마무시하게 피로해져 그만 나가떨어지고 맙니다 띠용~

우리 몸은 자율신경의 교감신경과 부교감신경 서로 상호작용을 하며 신체를 보호하는데 아마도 한 번쯤은 겪어보셨을 법한 일로 잠을 자다가 부시럭 거리는 소리나 이상한 냄새가 나서 눈이 떠졌던 경험을 하셨을 겁니다 이는 교감신경의 작용으로 인간 생존을 위해 비상시 대처하기 위한 반응인데 이런 어마어마한 피로감 앞에서는 그만 작동스위치를 꺼버리고 부교감신경의 영향력을 확대하게 되어 누가 업어가도 모르고 자는 아주 깊은 잠을 자게 되는 것이지요.

이렇듯 몇 번이고 탕에 들어갔다 나왔다를 반복하다보면 체내에서 빠져 나가는 성분과 피부를 통해 흡착된 유황과 철분성분등의 미네랄성분 그리고 따뜻한 온천수를 통해 원활한 혈액순환이 이루어지게 됩니다.

이런 전이현상을 통해 간은 기진맥진,피곤을 느끼게 되어져 깊은 숙면에 빠져들게 된다합니다. 결국 온천욕은 일종의 숙면유도요법이지 않나 싶습니다. 하여 온탕에 들어가 7-10분정도 담근뒤에는 다시 탕밖으로 나와 가벼운 산책이나 몸의 열기를 식히고 다시 탕에 들어가고 하는 동작을 자신의 몸에 맞게 (저는 대략 3-4번정도 합니다)하는 것이 제일 중요하다고 봅니다.

입욕 순서를 요약을 하게되면 대략 이렇습니다.

　　　1.탈의실에 옷을 벗고 준비해간 수건으로 앞을 가리고 탕으로 향합니다. 일본사람들은 목욕탕 안에서 수건으로 배꼽아래를 가리고 다닙니다.

　　　2.카케유(かけ湯) 들어가면 대부분 바로 입구에라는 작은 탕이 있고 조그마한 바가지가 서너개 놓여져있는 탕을 볼 수가 있습니다 이것은 탕에 들어가기전에 몸에 묻은 먼지나 티끌등을 흘려보내고 탕의 온도에 처음으로 몸을 맞추어 부드럽게 탕 온도에 적응할 수있게 하는 제일 첫번째로 온천 또는 온수와 접하는 절차이지요. 물은 발에서부터 부어 상

체로 올라가며 붓습니다 서너 번 나누어 온몸에 붓습니다.

3.세면대에서 머리와 몸을 샴프와 비누로 깨끗이 닦습니다. 옆 사람에게 샤워기의 물이 튀지않게 최대한 주의해가며 몸을 닦으셔야 합니다. 이 사람들 남의 몸에 맞고 튄 물이 자신의 몸에 닿는 것을 극도로 싫어합니다. 좀 과장해서 예를 든다면 누군가 가만이 있는 당신에게 씩 웃으며 가래침을 당신의 얼굴에 뱉었을 때 기분이랄까 뭐랄까….
여하튼 물이 튀지 않게 주의해서 씻으시기 바랍니다.

4.자~~ 이제 입욕입니다.

5.수건은 머리위에 얹고 옆 사람과의 대화는 최대한 작은 목소리로 조용히 자세잡고 앉습니다. 이렇게 탕에서 7-10분정도를 계시다 탕 밖에 나오셔서 1-2분정도 쉬셨다가 다시 탕에 들어가 담금니다. 온천호텔이나 전문 온천탕 같은 곳은 대부분 노천온천이 있으므로 이곳 저곳 탕을 옮기며 그 분위기를 즐기시는 것이 지루하지않게 즐기는 요령이기도 하지요. 보통은 이렇게 3-4번정도 입탕을 하시면 온 몸이 나른해지고 피곤을 느끼시게 될 겁니다. 거참 희안하게도 말입니다 조용해지고 몸의 움직임이 적어지고 편안해지면 생각도 좀 다른 생각이 떠오릅니다 어쩌면 이 시점에서 당신은 뭔가에 깨달음을 얻어 "유레카!"를 외치며 뛰쳐나올지도 모릅니다. 경우에 따라 허약체질, 유난히 더위를 못참는 분의 경우 "우라질!"로 외칠지도 모르지만

6.온천호텔 투숙을 하신 경우라면 가능하면 온천물을 그대로 말려서 입고간 유카타(浴衣)를 입으시면 되고, 그렇지않은 경우에는 탕

에서 나오면 세면대 수돗물로 깨끗이 씻은 후에 옷을 입으시기 바랍니다. 온천성분에 민감하신 분들은 온천수가 말랐을 때 피부가 가렵다는 증상이 생길수 있기 때문입니다. 온천호텔에서 주무시는 분들이야 유카타차림 그대로 주무실 테니 별 문제 없을 터이니.

7.문제는 여기서 부터입니다. 제대로 입욕을 하신 분이거나 피부가 민감하신 분들은 온천욕을 통해 벌써 얼굴이며 손 발등이 충분한 수분보충과 원활한 혈액순환으로 충분히 부드러워져 있는 상태, 몸은 최대한 피곤하여 숙면을 취할 준비를 갖추고 마음은 최대한 풍요롭고 근심 걱정 없는 머릿속에는 알파파가 충만한 상태. 여기에 피부 곳곳에 흡착된 온천성분들이 피부에 자극을 주게되니 코를 골며 곤하게 자는 잠자리에서 가려움을 느끼게 됩니다. 하여 자신도 모르게 가려운데를 긁게되다보면 이미 옛것은 지나고 새 피부얻은 몸 이전의 피부감각이 아니다보니 다른 누군가가 자신을 만지는 줄 착각하게 된다.

"왠 놈이냐?"를 외치며 뺨을 긁는 오른손을 왼손으로 잡는 마태복음 6장 3절과 4절의 말씀을 체험하시게 됩니다. 이부분은 좀 센가?
여튼 할렐루야~

우리나라에서도 상당히 화제가 되었던 "체온이 1도 올리면 면역력이 5배 높아진다"의 이시하라 유우미(石原 結實)박사의 책에 소개되어진 것 같이 가장 좋은 방법은 운동을 통해 체온을 높이는것이고 이와함께 반신

욕 족욕등의 목욕을 통한 것이다라고 한것처럼 지구상에 눌도 없이 가까운 나라이자 화산대국인 일본 그것도 북해도에 오시면 다른건 몰라도 온천욕만큼은 절대로 빠뜨리지 않으시기 바라겠습니다.

어디선가 들어본듯한 이름 노보리베츠(登別)토야(洞爺)등은 세계적으로

도 유명한 북해도 유수의 온천지입니다.

체류기간내내 온천이나 목욕을 즐기고 싶은 분들도 많다보니 하루나 이틀만 잠깐 온천하는게 아깝다하시는 분들이 아쉬워하시는 "북해도 전역이 여기저기에 많은 온천이 있지만 도심지시내에는 온천이 없는 것 같다"하시는 분들의 이야기를 많이 들었습니다. 하여 몇몇 곳을 소개 해드릴까 합니다 제가 언급하는 곳외에도 많은 곳이 있으니 가까운 곳을 찾아 이용하시기 바랍니다.

유노하나(湯の花)

삿포로지역에서는 죠잔케이 도노와 에베츠 도노 2개소가 있으며 오타루지역에서는 테미야 도노, 아사리 도노 2개소 가 있습니다, 죠잔케이는 삿포로 시내로 되어져 있지만 삿포로 중심지에서 차로 40-50분 걸리는 만큼 온천을 목적으로 가지않는 한 가벼운 기분으로 가기에는 좀 멉니다.

온천점 대부분이 시 외곽에 자리잡았습니다 시설이 크고 셔틀버스도 운용하는 곳입니다만 셔틀버스가 관광객들이 알고 찾아가기에는 그리 쉽지 않다보니 셔틀버스는 비추천입니다.

www.yunohana.org

오타루 쥬우오유(中央湯)

시설이 깨끗하고 교통이 편리합니다. 시설은 포기하십시요 대신 물은 정말 끝내줍니다 온천 마치고 돌아오는 길에 이마에서 연신 흐르는 땀 때문에 내일 또 가야지하고 마음 먹는 곳입니다. 북해도에서 두 번째로 오래된 역사를 가지고 있는 센토입니다. 교통은 저희 민박집에서 도보로 이용하실 수 있습니다(도보20분)

이용요금은 440엔, 영업시간 : 13:40-21:00, 매주 월요일 휴무.

수건 비누 샴프등을 따로 가지고 가셔야합니다.

노보리베츠 천연족탕 (登別天然足湯)

오유누마(大湯沼)와 다이쇼지고쿠(大正地獄)에서 넘치는 온천수가 흘러 온천의 강을 이룬 곳이 천연족탕이다. (사진:177페이지 참조)

아주 극히 일부의 온천을 말씀드렸습니다만 머무시는 동안 숙소근처의 온천을 이용해보시기 바랍니다. 경우에 따라 온천이 멀거나 시간이 안맞는 분이시라면 우리 대중 목욕탕에 해당하는 센토(錢湯)를 이용하시는 것도 삿포로 여행의 즐거움을 배가 시켜드리리라 장담하는 바입니다.

센토는 어지간한 동네의 역근처나 동네의 번화가근처에는 한군데 정도는 있다보니 찾기가 어렵지는 않습니다.

그런데 여기서 걱정되는 부분이 있어서 한 말씀 올립니다.

일본의 목욕탕은 아시는 분은 아시겠지만 처음 가시는 분에게는 좀 충격일 수도 있습니다. 이유인즉 탕에 들어가 목욕을 하고 있다보면 어디선가 아주머니나 아가씨가 들어와 천연덕스럽게 탕내 청소를 하거나 욕조내의 물 온도를 재곤 합니다. 하지만 목욕하는 그 누구도 신경쓰거나 크게 불쾌감을 나타내지 않습니다.

우리라면 전혀 상상조차 되지않고 어쩌면 법정으로까지 비화될 만한 사건인데 이들은 그저 천하태평입니다. 어쩌면 우리가 남녀 칠세 부동석이니 하는 유교적인 관습으로 남녀를 구분지을 때 이들은 잦은 전란과 상업적인 사회분위기, 습한 기후속에서 누가 됐건 자기 맡은 바 소임은 완수해야 한다는 잇쇼우 켐메이(一生懸命)의 최선을 다하는 정신이 나은 결과물이지않나 싶습니다.

말은 이렇게 하면서도 제가 자주가는 동네온천탕에 이제 갓 고등학교 졸업한 여자아이가 불쑥 들어오는 것은 좀 껄끄럽기는 하더라고요 쩝~ 자~~ 그리고 재미있는 관찰을 하나 해보고자 합니다 목욕탕내를 걸어다니는 사람들 대부분이 자신의 배꼽아래를 가지고 온 수건으로 가리고 다닙니다. 검은 철선을 이끌고 일본을 개항시킨 페리제독도 일본에서 놀란 것중 하나가 그의 저서 "일본원정기"에 나오는 내용처럼 건장한 남자가 다벗은 알몸으로,또 실오라기 하나 걸치지않은 그야말로 말만한 처녀가 아무런 거리낌없이 함께 목욕한다는 것이었습니다.

지금도 시골깊은 오지마을에 가게되면 대부분 남녀혼탕으로 목욕을 하곤하는데 이런 습관이 오랫동안 지속되 오다 1950년대에 들어 남녀각탕이 굳어지게 되지만 오랜 동안 자신의 앞부분을 가리고 다니던 것이 지금도 남아있어 남자끼리만 여자끼리만 목욕을 하더라도 가리고 다니는 것은 아닌지싶습니다.

실례로 예전에(대략1940년대에서 1960년대) 촬영된 사진들을 보게되면 탕내에 남녀가 다같이 몸을 담그고 있고 밖에 나갈 때 머리위에 얹고있던 수건으로 앞부분을 가리고 다니는 것을 볼 수가 있습니다. 재미있는 것은 일본의 온천 호텔에서 온천탕에 가보면 이 수건을 들고 다니는 모습들을 통해 어느나라 사람인지도 알 수가 있습니다. 원래 수건을 들고 다니는 습관이 없는 우리네로서는 당연한 행동이긴 하지만 로마에 가면 로마법을 따르는것처럼 비슷하게는 하면 좋겠습니다.

일본인들은 탕에 몸을 담그면 수건은 거의 백이면 백 머리위에 얹는다. 탕 밖에 나와 걷게 되면 수건으로 배꼽 아래를 가리고 다닙니다.
중국인 또는 대만 홍콩사람들은 탕에 몸을 담그면 수건은 머리위에 얹고 탕 밖에 나오면 수건은 손에 쥐고 다닌다.
한국인은 탕에 몸을 담그면 수건을 물에 적셔서 얼굴을 닦거나 탕을 둘러싼 벽이나 장식에 얹어둔다. 탕 밖에 나오면 수건은 목에 두르거나 이마에 양머리 모양으로 둘러싼다.
거짓말 같다고요?
그럼 진짜인지 아닌지 한 번 가보세요.
가서 보시게 되면 와하하하고 자기도 모르게 웃음이 터질겁니다.

페리제독만은 못해도 제 개인적으로 일본의 목욕탕하면 떠오르는 풍경이 하나 있습니다. 유학와서 얼마 안되어 가본 센토에서 본 기묘한 만남입니다. 그 날도 여느날처럼 혼자서 열심히 탕에 늘락달락하며 아르바이트로 지친 심신을 가다듬으며 따뜻한 목욕탕물을 즐기고 있는데 옆에서 난데없이 깔깔 호호하는 웃음소리가 들리는 것이었습니다.

소리가 나는 곳을 향해 보자니 목욕탕 주인 아주머니와 왠 남자분이 대화를 나누는 것이었습니다. 도대체 뭐가 그리 신이 나는지 그 어렴풋한 일본어로 그들의 대화를 들어보았습니다.

…

"그럼 다음번엔 꼭 같이 가시자고요"

"예 그렇게 하겠습니다"

…

그다지 특별한 대화는 아니었던 것 같았는데 문제는 이 둘의 사이가 지금 생각해도 재미있습니다.

남자손님은 목욕탕 주인 아주머니의 남편분 친구인데 남편분과 얼마전에 어딘가에 놀러가서 아주 즐거웠던 모양입니다 하여 다음번에는 꼭 부부동반으로 같이 가자는 이야기 였습니다. 별 것 아닌 상황이라면 상황인데 남자는 다 벗고있고 목욕탕 주인 아주머니는 그 다 벗은 남자와 천연덕스레 일상적인 대화를 할 수 있는 곳이 바로 일본이고 목욕탕이라는 것입니다.

일본에 몇 번을 출장을 가고 놀러가면서도, 온천에 한 번도 안들어가 보고 센토에 한 번도 들어가보지 않고서 일본을 이야기할라치면 듣는이나 말하는 이나 답답할 겁니다.

자 이번기회의 일본 여행은 반드시 온천탕 또는 센토에 들러보시기 바랍니다. 어쩌면 그 물맛의 끝에 그토록 뵙기를 희망하던 그 분이 계실지 또 진짜 중요한 무언가를 얻어 올지 누가 압니까?

제게 온천하면 떠오르는 분이 이 강업 사장님.

효령대군 후손으로 왕가의 혈통을 가지신 분인데 거창한 내력과는 달리 소박하고 겸손한 신사. 명색이 사장님이신데 가족여행 다닐 때 보이는 모습은 영락없는 애처가요.
친구 같은 아버지. 절대 꼰대티 내지않는 속이 탄탄한 남자,
여행중에 걸려오는 회사일 하나하나에도 꼼꼼한 업무지시와 확인을 하는 모습으로 보건대 무슨일에건 최선을 다하는 성격임을 짐작할 수 있습니다. 가족과 함께하는 시간마저도 최고로 즐기는 모습이 너무도 멋진 분입니다. 인생 최고 중대사 가족들과의 시간임을 알고 소중히 여기는 범털, 인생 뭐있냐며 밤새 술 마시다, 술깨고나면 빈 지갑에 우울한 하루밤 용자인 개털과는 비교불가의 향기나는 선비이다.

사람이 만일 온 천하를 얻고도 제 목숨을 잃으면
무엇이 유익하리요

마가복음 8:36

사진은 노보리베츠의 천연족탕인데 낮에는 이리 사람이 많지만 제대로 즐길려면 밤에 맥주 서너 캔 또는 청주 작은 병 하나 들고, 수영복이나 반바지 입고 가면 기막힌 곳입니다. 사람이 없으니 족탕이 아니라 그냥 목욕탕이 됩니다. 하늘보고 길게 누워 있노라면 세상 부러울게 없는 시간이 흘러갑니다.

잘 모르는 이야기들

이란카랍테

"안뇨__응 하시므니카?"

"?"

"아 예"

한 이십여 년 전 을지로 입구역에서 프레지던트 호텔쪽으로 걸어가다 두 명의 젊은 일본남자들에게서 받은 아침 인사입니다. 엉겁결에 받은 인사인지라 뭐라 적당한 답도 못하고 서 있으니 자기네들도 멋 적고 쑥쓰러웠는지 인사를 마치자 마자 쏜살같이 제 앞을 뛰어가더군요.

워낙 형광등인지라 상황이 다 끝나고서

"아 일본인 관광객이였군"하며 피식 웃으며 제 앞을 뛰어가는 그들을 바라보았습니다. 한국에 왔으니 한국 사람에게 한국어로 인사를 건내 보려 무척 용기를 내서 건낸 인사였을 텐데 제대로 받아주지 못한 제가 조금 한심스러웠습니다. 뛰어가는 그들을 물끄러미 바라보고 있자니 그 중 한 명의 옷인지 가방에선지 조그마한 종이 뭉치가 떨어지는 게 보였지만 그들은 그대로 뛰어가는 것이었습니다. 이른 아침의 주일, 아무도 오지 않았기에 걸어가며 그들이 떨어뜨린(전 처음엔 버린 건 줄 알았습니다) 신문지 뭉치덩어리를 발로 툭 쳐 길옆으로 밀어내 보았습니다.

그저 쓰레기 정도인줄 알았던 덩어리가 꽤나 묵직해서 조심스레 집어 종이뭉치를 헤쳐보니 한눈에도 상당량의 현찰과 여행자 수표가 보였습니다.

일순 그들이 돈을 흘린 걸 알고 돌아오기 전에 뒤로 돌아 50여미터만 가면 을지로 입구역이고 나는 자연스레 내려가서 지하철을 타기만 하면 이 돈은 내 것이다,

우와 횡재다!!

횡재했다는 생각과 함께 그들이 어렵사리 건넨 그 어눌한 한국어 인사말과 발그래한 앳띤 얼굴이 떠올랐습니다. 돈이 든 신문지 뭉치를 들고 그들이 달려갔던 방향으로 뛰어 가니 프레지던트 호텔 쪽에서 상기된 얼굴로 달려오는 그들... 그리고 제 손에 들린 신문지 뭉치를 보고 안도하는 표정이 보였습니다.

연신 고맙다며 머리를 숙이는 그들에게 일본어로 무슨 돈이냐고 물으니 자기네들은 여행사 직원인데 몇몇곳에 분산된 수학여행온 학생들의 여행 경비를 가지고 있던 것을 흘린 것이라 했습니다.

아마도 되도 않는 한국어로 인사를 하고 나니 쑥스럽기도 한데 인사받은 사람이 별다른 대꾸가 없자 창피한 마음에 경황없이 자리를 뜨다 생긴 일이다 싶으니 처음 돈뭉치 집어 들어 들었을 때 들었던 생각에 저 자신도 약간 미안스러워졌습니다.

돈을 찾아준 사례를 하고싶으나 공금이기에 그러지는 못하고 개인적으로 가진 용돈에서 오만엔 정도를 드리고 싶은데 그렇게 해주시겠냐고 연신 조아린다.

주은 돈 경찰에 신고하면 일정기간 거치해 두었다가 주인이 안 나타나면 신고자에게 주거나 돈 주인이 사례금으로 주는 10퍼센트의 비용을 생각한 것 같았다.

하지만 여기는 일본도 아니고 또 아침에 인사를 건넨 친구들에게 굳이 그런 생색을 내서 대가를 받고 싶지는 않아 몇 번이고 사양을 했더니 그냥 교통비로 생각하시라며 현금 만엔과 상품권 일만엔짜리를 건네며 이것만은 사양하지 말아 달래서 받아 든 경험이 있습니다.

생활이 어려울 때마다 "아 그 때 그 돈을 챙겼어야 하는데"하는 생각이 (?) 들다가도 살면서 착한 일한 게 거의 없다 싶으니 그 때 그 일은 정말 잘 했다 싶은 기분이 들 때가 많습니다.

각설하고 인사말 한마디가 이런 일까지도 해내는 걸 보면 대단하다 싶습니다. 우리 속담에도 말 한마디로 천냥 빚을 갚는다는 말처럼 돈 천만원이 인사말 한마디에 제 주인을 찾는 걸 보면요. 그래서 인사말은 어디를 가든 하나 둘쯤 알아 두어야 한다는 게 제 지론입니다.

자 그럼 그런 의미에서 일본의 인사말을 한 번 알아보겠습니다. 일본은 우리와는 다르게 아침 점심 저녁으로 인사가 구분되어 있습니다.

서로 아는 처지가 아닌 관계에서는 대부분 점심과 저녁인사는 생략을 하다 보니 우리 같은 관광객들은 아침인사만 잘 익히시면 됩니다.

시험 보는건 아니니까 맘 편히 소리내 봅시다. 입으로 소리를 내서 세 번 정도 큰 소리로 말해 봅시다.

"오하요우 고자이마스"(おはようございます)

대략 이른 아침입니다, 좋은 아침입니다 정도의 뜻이지요. 이 단순한 인사말도 속을 들여다보면 숨은 함정이 하나 있습니다. 일본어의 소리 체계 때문인데 "오하요우"라 하는 발음을 실제로 일본어로 소리내 보면 "오하이오"로 들리게 됩니다. 일본어에서는 "우"나 "오오"같은 발음이 모음 뒤에 오거나 앞에서 읽히면 길게 장음으로 읽히기 때문입니다. 하여 우리 귀에 "오하이오 고자이마스~"로 들린다 하여도 그렇게 소리내면 이것은 미국의 오하이오 주(州)를 이야기하는 것이지 바른 일본어 인사말은 아닐 겁니다.

일본의 나라꽃(國花)이 뭔지

일본 왕(天皇)의 이름이 뭔지

내가 지금 여행하는 곳이 어딘지 모를지라도

일본 인사말 그것도 아침인사 하나만 제대로 구사해도 뭔가 다른 기품이 넘쳐나실 겁니다. "어랍쑈 이전에 왔던 놈들은 다들 인상만 쓰고 담배만 뻑뻑 피우다 가더만 이 양반은 뭔가 다르네…"

이런 이미지가 쌓이고 쌓여야 한국인들은 예의 바르고 좋은 사람들이다 라는 평가를 얻게 될 것입니다. 그래서 다시 한 번 더 (입으로 소리내보세요)

쓰기는 おはようございます로 쓰지만

읽기는 "오하요오 고자이마스"로 읽어주는 센스가 필요합니다.

저는 예전에 집 근처 주유소에서 재미난 인사를 하는 청년들을 본 적이 있었습니다. 주유를 위해 차가 주유소로 들어서면 주유원이 "어서 오십시요 얼마나 넣어드릴까요?" 인사를 하며 얼마나 넣을지를 묻는다.

이것이야 우리나라나 일본이나 다를 게 없다. 재미난 것은 여기부터다.

손님이 "레귤러 만땅 오네가이시마스"라고 말을 하면 손님 말이 끝나기 도 전에 주문을 받은 친구가 기차 화통 같은 우렁찬 소리로

"만땅 만땅하고 소리를 외친다"

그러면 주유소 안에 있던 소장쯤 되는 사람이 마이크에 대고

"몇 번 레인에 만땅"이라며 복창을 한다.

그러면 여기저기서 딴 일하던 사람들까지 모두 모여 들어서

한 명은 앞유리창 닦고

한 명은 뒷유리창 닦고

또 한 명은 주유를 한다.

그리고도 사람이 남으면 아웃 사이드 밀러를 닦더군요.

그런데 웃긴 건 바람이 부는 날이건 비 내리는 날이던 심지어 눈 오는 날에도 이 짓을 한다는 것입니다. 그 때 저는 무슨 코메디를 보는 기분으로 와하하하고 웃었습니다. 하지만 그 주유소에 손님도 직원 그 누구 하나 웃는 사람이 없었던 것. 한 마디로 가식적이고 남들에게 보여 주기식으로 대충대충 하는 일이 아니고 모두가 프로의식에 철저한 서비스 정신으로 그 일을 하고 있었던 것이죠.

이윽고 주유가 다 되면 그 중 한 명이 어머니 교통정리회에서 하듯이 아이들 횡단보도 건널 때 드는 깃발 하나를 들고는 넵다 찻길로 뛰어나갑니다. 찻길가 인도에 서서는 지나가는 차량을 보고 있다가 차량흐름에 틈이 나면 깃발을 흔들며 차도로 나가 조금 전 만땅 주유한 차량이 도로에 합류하게끔 유도하는 것이다.

일반적으로 일본사람들은 차에 가솔린을 일부러 가득 넣지 않지요. 차에 실린 가솔린 무게 때문에 연비가 나빠지고 차를 자주 타지 않는 경우는 시쳇말로 가솔린의 휘발성분이 빠진다고 생각하거나 지금 당장 쓰지 않

아도 될 돈이 기름으로 묵혀있는 것이 아깝다 여기기 때문입니다. 필사도 예전에 주유소가 흔치 않을 때 의례 그렇듯 다니던 길에 있는 아는 주유소에서 기름을 넣었지만 요즘 주유소는 어디를 가도 널렸다. 그렇다 보니 치열한 경쟁속에서 살아남기 위해 위와 같이 인사라도 잘 해서 손님들이 왕대접 받고 기분 좋아져 다시 재방문하게 하려는 서비스임에도 처음에는 속이 빤히 보이는 행태라 여겨져 그다지 좋게 보이지는 않았던 것. 하지만 어딘가 장거리로 가거나 날이 추워져 연료통에 수분이 찰까 걱정되는 날, 가솔린 만탱크 채우려 마음먹게 되면 꼭 가는 곳이 되어버렸다. 그런데 가만히 그 주유소를 보니 대부분 나 같은 사람들의 출입이 빈번한 게 여간 재미있는 게 아니다. 보통 주유소에 일반적으로 반 정도 주유하는 차량이 하루 200-300대가 간다고 치면, 이 주유소는 같은 댓수가 와도 대부분이 기름을 가득 넣고 가니 다른 곳의 배가 남는 장사를 하는 것이었다. 그저 인사를 잘하는 것만으로도 이렇게 사람 마음을 움직여 직접적인 수익창출이 된다는 것을 이 때 처음으로 깨달았다. 아무리 우습게 보이는 일이라도 정성이 들어가고 진심이 읽혀지면 그 파급력은 대단한 것이 된다.

이제 내일부터 가까운 이웃들부터 엘리베이터나 그저 지나치는 복도에서라도 인사를 건내 보면 어떨까요?
누가 압니까 자다가 떡이 생길지~

이야기는 다시 일본으로 건너와서, 아침에 만나는 사람들에게 자연스레 "오하요오 고자이마스"할 정도면 이제 일본여행은 다른 분들보다 배는 재미있게 시작할 준비가 되셨습니다. 하지만 여러분이 계시는 곳이 일본 하고도 북해도라면 하나 더 필요합니다.

"이란카랍테"(イランカラプテ)

북해도의 선주민이었던 아이누의 인사말입니다. 북해도가 일본땅이 된 지 이제 대략 150년정도 그 이전 몇 천년간 이 땅의 주인이었던 사람들의 인사말입니다. 일본의 동화정책과 차별정책으로 이제는 몇몇 곳에서 아이누 민속촌 등의 형태로 이 땅의 주인이었음을 알리는 정도로 명맥만 유지하지만 일본 전역의 지명들과 북해도의 대부분의 지명들이 그들의 말에서 나온 것을 볼 때 최소한 인사말 하나만이라도 알고 쓰게 되면 그만큼 북해도에 조금 더 가까이 다가서지 않을까 싶습니다.

후지산이란 말은 뿌치에서 나온 말로 **불을 뿜는 (산)**
삿포로는 삿(마르다) 포로(넓다) 배츠(강) **메마른 큰 강**
오타루는 오타(모래) 오로(틈사이) 나이(개천) **모래사이로 흐르는 강**
노보리베츠는 누(늘) 푸르(푸르다) 배츠(강) **늘 푸른(탁한) 강**
시레토코는 시리(땅) 에투(끝) **땅의 끝**
어디선가 들어본 듯한 지명들이 연이어 나옵니다 그리고 그 많은 단어들은 그들이 살아온 만큼의 시간을 느끼게 합니다.

이란카랍테는 "내가 당신의 마음속으로 살며시 다가가겠습니다"라는 사람과 사람이 나누는 따뜻한 마음을 표현하는 아름다운 뜻을 담고있습니다. 빈손을 보여주어 상대를 안심시키는 서양의 인사법이 아닌 춥고 거친 환경에서 서로가 서로를 의지하며 사는 사람들끼리 믿을 수 있는 사람과 의지할 수 있는 사람에게 할 수 있는 진실한 마음을 담고 있는 인사말일 것입니다. 톨스토이가 말했듯 세상에서 가장 소중한 사람은 바로 지금 내 곁에 있는 사람인 것처럼 지금 당신의 앞을 스치는 수많은 쪽발이들(?)에게 다정하게 건네보시기 바랍니다. "이런 깝치고 있네"가 아니라 **이란카랍테~**

저는 당신이 북해도에 와서 이 한마디의 인사말로 새로운 한국인상을 만들어 주셨으면 좋겠습니다.
말 한마디로 천냥 빚을 갚는다.

경우에 합당한 말은 아로새긴 은쟁반에 금사과니라

잠언 25장11절

북해도 친구

TARU TARU는 오타루에서 한국인이 운영하고 있는 게스트 하우스입니다.

살짝 부언하면 북해도 전체에서 한국인이 운영하는 게스트하우스 중에서 유일하게 정식 허가를 획득한 게스트 하우스입니다. 아주 훌륭한 시설과 최고급 시설은 아닐지라도 믿을 수 있는 시설이라는 뜻입니다. 일본에서 인허가를 받으려면 시설명을 일본어로 정해야 합니다. 그래서 이름을 "타루타루"(たるたる)로 하였습니다.

혼자가 됐던 둘이 됐던 따로따로 와서 모두 하나가 되자라는 의미를 담아 우리말 따로따로와 숙소가 위치한 동네 오타루의 뒷글자 두개를 따서 타루타루라 지었습니다.

만약 이 다음에 삿포로에 새로 시설을 오픈하게 되면 아마 뽀로로나 뽀로뽀로가 될 확률이 높습니다. 네이버에서 "북해도 친구"란 이름으로 카페를 운영하다 보니 "북해도 친구"를 숙소 이름으로 알고 계시는 분이 많습니다. 북해도 친구 카페는 저희 집에 방문했던 분들을 중심으로 친목을 도모하는 온라인 모임이며 숙박을 희망하시거나 투어를 신청하시는 분들은 네이버 카페에서 "코자오타루"로 가입한 후에 신청하시면 됩니다. 물론 어느쪽으로 예약을 하셔도 무방합니다.

일본 입국 시 기재하는 E/D 카드 숙박업소 기제란에 "북해도친구"라 쓰시는 분들이 많습니다. 처음 방문하시는 분들은 간혹 출입국 관리국 직원들부터 '그런 숙박업소 이름은 없다' 또는 '등록되지 않은 숙박시설'이라고 듣게 되면 눈앞이 캄캄해집니다.

"여기까지 어떻게 왔는데 숙소가 없다니"

"아, 사기 당했구나"

"당장 오늘밤 어디서 자야 하나" 하며 당황합니다.

해서 그 비싼 국제 전화로 저에게 전화를 합니다.

전화를 안받을 줄 알았는데 전화를 받으니 다짜고짜 목소리를 높입니다.

"야이 사기꾼 새퀴야"

"돈 얼마를 벌어 먹으려고 같은 한국사람에게 사기를 치느냐 에라 이 나쁜 놈아 잘 먹고 잘살아라"

"????"

처음엔 도대체 누가 이런 장난 전화를 하는가 싶었지만 나중에 자초지종을 알게 되니 그러려니 이해합니다.

그냥 한 마디 말씀드립니다.

"거기서 없는 주소라 합니까? "

"카페 접속해서 주소하고 이름 확인하고 쓰세요"

저녁에 누군가 미안한 얼굴을 하고 들어온다…

입국하실 때 ED카드에 기재하시는 이름은 "tarutaru" 이거나 "たるたる" 입니다. 오랫동안을 투어 컨덕터 일을 하며 여러 손님들을 접할 기회가 있었는데, 사회적으로 성공하고 나이도 지긋하신 분들이 여유롭게 일본 여행을 다니는 것은 부럽고 보기도 좋습니다.

선진국일수록 젊은 친구들이 더 많이 보고 느껴야 한다는 것이 제 생각입니다. 미국이나 유럽을 가서 보는 것도 물론 좋지만 많이 비싸고 긴 여정이 필요하다 보니 쉬이 엄두가 나지 않는 실정입니다. 바로 우리나라 옆에 이런 잘 사는 나라가 있으니 큰 부담없이 와서 보고 갈 수 있는 것도 행운이라면 행운일 것입니다.

그런데 일본이란 나라 물가가 많이 비싸다 보니 예전에 대학생이나 젊은 청년들이 텐트 하나에 슬립핑 백 들고 와서는 어느 한적한 공원이나 인적 드문 역사에서 잠을 자는 경우도 있었습니다.

우연한 일이지만 제가 신문배달 아르바이트 하던 동네에 한국인 학생 두어 명이 자전거 여행을 하다가 동네공원에서 텐트 치고 야영을 했던 모양입니다. 순찰중인 경찰에 의해 이곳은 야영이 안된다고 주의를 들었는데 이 말을 못 알아들었는지, 아니면 잘 데가 없고 너무 지쳐서 그냥 모른 척 버티면서 자려고 했는지 이유는 모르겠지만 파출소로 연행됐던 일이 있었습니다. 마침 보급소장이 저에게 연락해서 (당시는 삐삐도 없던 시절이라)배달 마치자 마자 달려가 통역을 했습니다. 이 때 마음먹었던 일이 '나중이라도 꼭 제대로 된 숙박업소를 하나 짓자' 였습니다.

"저렴한 요금에 누구라도 쉽게 와서 일본을 보고 갈 수 있게 해주자"고 다짐했습니다.

그러나 오랜 시간을 살면서도 돈벌이는 커녕 밥벌이도 제대로 못하다 보니, 결국 어렵사리 마련한 것이 지금의 낡은 시설입니다. 이 건물은 오랫동안 비어 있던 치과병원을 이리저리 법규에 맞게 개조하고 손을 봤습니다. 마음 같아서야 호텔급 시설로 목욕탕도 만들고 옥상에서 바비큐도 해 먹을 수 있고 여기저기 예쁘게 디자인하고 싶었습니다. 하지만 가진 돈 한도내에서는 그저 잠잘 수 있는 정도의 시설밖에는 안되고 말았습니다. 그래도 위안이 되는 것이 민박집(간이 여관업) 시설 기준이었습니다. 일본은 호텔 시설만큼 좋은 설비를 갖추고 각 방마다 화장실과 샤워실이 있는 곳을 게스트 하우스로 허가를 내주지 않습니다. 그 기준은 '호텔이다' 라고 위안삼습니다.(그냥 핑계죠 ㅜㅜ)

요즈음 몇 년 사이로 외국인들의 북해도 여행이 크게 늘고 있습니다. 그러다 보니 현재 호텔이 많이 부족한 상황입니다. 이를 해결하기 위해 일부 불법 숙박업소도 눈 감아 주고 있는 듯 합니다. 하지만 조만간 호텔 등 숙박업소 공급이 기준치에 이르거나 원활해지면 불법 시설들은 바로 정리에 들어갈 것으로 보입니다. 제가 이런 말을 하는 이유는 그만큼 우리집에 손님이 안 온다는 방증이기도 합니다. 그래서 글이라도 쓰고 그 글 중에 이렇게 민박집 선전이라도 하자는 심산이지요. 저희 타루타루는 아주 훌륭하지는 않고 그렇다고 뭐 하나 변변한 것조차 없는 시설입니다. 그렇지만 몰래 카메라를 설치하거나 성추행, 도박 따위는 절대 할 수 없는 곳입니다. 무엇보다도 안심할 수 있다는 뜻입니다. 세계 최고로 까다로운 나라에서 허가 내고 세금 내고 장사한다는 것은 이런 기본이 깔려 있다는 자신감의 표현이기도 합니다. 민박집은 럭셔리가 아니라 베이직(기본)에 충실한 곳입니다. 저렴한 요금에 이런 사람 저런 친구들과 어울려 서로의 생각과 가치관 여행정보 등을 얻고 교환하며 더욱 재미있고 보람된 여행을 즐겨보려는 사람들이 모이는 곳이죠.

좋게 말하면 이렇지만, 사실 입바른 소리로 너무 트여 있으니 시끄럽고

신경 예민해져 짜증날 수도 있을 겁니다. 호텔같이 방에 들어가기만 하면 외부와 차단되는 공간이 아니기에 옆에서 자는 사람 숨소리까지 들리는 트인 공간인 만큼 서로가 서로에게 배려하자라는 거죠. 상대를 존중할 때 얻는 것도 버릴 것도 구별이 가는 분별력이 생겨날 겁니다.

지하 차고가 있는 2층 철제 경량콘크리트 건물입니다. (차고는 제 자전거와 자동차 타이어 등을 보관하고 있습니다) 원래 병원(치과)으로 쓰이던 건물인데 튼튼해 믿을만 합니다. 두어 번 지진을 겪었지만 흔들리기만 할 뿐 아무 문제가 없었습니다. 건물 내구성은 믿을만 합니다. 하기야 그러니 허가를 내줬겠지요.

그리고 일층은 이층 침대가 6개 있습니다. 전체가 남녀 혼성 도미토리 입니다. 여기에 화장실이 두 개
두 명이 동시에 사용할 수 있는 샤워장이 하나
한 명이 사용하는 샤워장이 하나
큼직한 세면대가 3개
냉장고가 하나
무료 이용 가능한 세탁기가 한 대
간단한 조리를 하거나 식사를 할 수 있는 주방과 테이블이 있습니다.
(가스 레인지와 전자 레인지 그리고 토스터가 하나)

2층을 원하신다면 네이버카페 "북해도친구"의 회원가입을 해야 합니다.
2층은 4개의 큰 방이 있으나 도로 쪽의 2개의 방을 하나로 작업하여 전
통 일본식 화실(타다미방)로 꾸몄습니다. 두 개의 마룻방(양실)중 한 개
를 여성전용 도미토리 룸으로 만들었습니다. 옷을 갈아입는 것부터 개방
된 공간에서 불편을 느끼시는 분들이 많아 따로 만들어 두었습니다.

나머지 한 개의 마룻방은 침대가 불편한 분들이나 자신들만의 공간을 필요로 하는 분들에게 어울릴 것입니다. 도미토리 이용 시 요금은 서울에서 결재하신 경우 일일 일인당 3,500엔. (환율에 맞춥니다만 현재 기준으로 삼만 오천 원) 여성 도미토리도 1일 1인당 3,500엔, 2인 이상 이용 시가능/가족실은 1일 1인당 4,000엔입니다.(단 일인 사용 불가이며 이인이상 이용 가능합니다)

유의 사항으로 유아와 밤에 우는 정도의 아이들의 입장은 거절합니다. 이는 다른 여행객들에 대한 배려이기도 합니다. 여행중 피곤할 수도 있고 잠자리가 바뀌어 깊은 잠을 못 주무시는 분들도 계실 수 있는데 아이까지 울고하면 더더욱 힘들기 때문입니다. 대단히 외람된 부탁입니다만 어린 자녀 분들이 있는 가족은 호텔 이용을 권유합니다.
유아(항공요금 앙팡(infant) 생후 24개월 미만 적용 대상 자녀가 있으실 경우 투숙 불가.항공기 탑승 시 어린이 요금 적용대상(12세 미만) 성인요금의 50퍼센트를 적용합니다)

조기예약 할인제도로 숙박 예정일 90일전(약 3개월 전) 예약금을 입금해주시면 일박 일인 500엔을 할인해드립니다. 예약일 기준이 아니라 숙박비 입금일을 기준으로 합니다. 하여 사전에 항공권 발권이 완료되신 분들에게 추천 드립니다.

그리고 눈 축제 기간, 크리스마스, 설날 기간은 요금인상이 있습니다. (최성수기라 이 기간만큼은 숙박시설이 부족한 점을 감안하여 특별히 우리나라 분들만 예약을 받으려 합니다). 하여 이 기간은 일일 일인당 도미토리 회원5,000엔 입니다.(오만원) 여성 전용 도미토리 5,500엔(오만오천원), 가족실 6,000엔(육만원) 단 2인 이상, 수순데로 공실 확인, 예약신청을 하시고 당일 입금확인이 안될 경우 취소 처리를 하오니 시일 경과시는 다시 문의 해주시기 바랍니다. 좀 비싸다 싶기도 합니다만 하루 빨리 새 건물 올리고 편안하고 안락한 시설을 이용하시게 하고 싶어서입니다. 취소는 숙박일 15일 이전은 환불 불가입니다. 16일 이전은 10퍼센트의 수수료를 제하고 지정구좌로 송금해드립니다. 이는 저희같이 작은 시설에서는 예약 캔슬 후 단기간에 모객이 불가능하기 때문입니다. 하여 항공권이나 일정을 확실히 확인하신 후 예약(입금) 하여 주십시요.

식사에 대하여

일본의 게스트 하우스는 원칙적으로 조식제공이 금지되어 있습니다. 하여 아침식사는 간단한 토스트정도와 커피 정도만 제공합니다. 저녁식사는 제공하지 않습니다. 하여 오시기전 햇반이나 컵라면 등을 미리 준비해 오시면 도움이 됩니다.

북해도친구의 체크인 시간은

오후3시(PM3)부터 입니다. 체크 아웃시간은 오전 09:00까지 입니다

좀 팍팍한 기분이 듭니다만

사용하신 침구의 세탁과 정리정돈, 화장실 샤워실의 청소, 식사준비를 위한 장보기 등으로 보기보다 많은 시간이 들기 때문입니다. 여러분의 넓은 이해를 부탁드립니다.

자세한 내용은 카페에서 확인하실 수 있습니다. 많은 분들의 관심과 참여 부탁드리겠습니다. 예약은 카페 또는 전화로 부탁드리겠습니다.

네이버 카페 북해도친구. 인터넷 전화 070-4645-6545

카카오톡 아이디 bukedochingu

즐거운 일본 여행을 위한 마지막 관문입니다. 일본입국시 출입국 관리소에 제출할 E/D 카드에 기재할 주소와 전화번호입니다. 일본어나 영문 중 편한 것으로 하나를 택해 적어 내시면 됩니다.

小樽市奥澤 1 丁目 16-8 民宿 "たるたる"

Tel 0134-55-5752

Guesthouse Tarutaru 16-8. Okusawa 1choume Otaru-city

Tel. 0134-55-5752

.

미나미오타루역에서 "북해도친구" 오시는 약도.

워낙 컴맹이다 보니 컴퓨터로 한 달을 작업을 해도 안되기에 십분만에 손으로 그린 그림을 올려놓습니다.

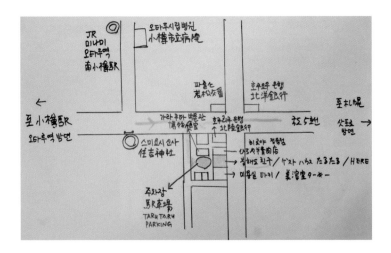

청어

고려와 조선 시대만 해도 청어는 서해 남해 동해 우리나라 바다 어디에서 나 잡히는 흔한 물고기였던 모양입니다. 가난한 선비들도 부담없이 먹을 수 있어서 비유어(肥儒魚)라는 이름으로도 불리우고, 실제로 임진왜란때 전라좌수사 이순신 장군이 군량미를 얻기 위해 바다에 무진장한 청어를 잡아 잘 말린 후에 곡물과 바꾸었다는 기록이 남아있기도 합니다. (난중 일기)

제가 어릴 때 서민들의 밥상머리에 자주 올랐던 생선이 꽁치와 임연수어 였습니다. 간간이 고등어와 오징어 같은 생선도 오르기도 했지만 경기도 가평에서 농사 짓다 서울로 올라온 평범한 우리 집 내력에 바다 생선은 그다지 친하지는 않았었고 더욱이 위장이 좋지 않았던 우리 할아버지는 생목이 오르지 않는 생선만을 찾으셔서 우리집은 어쩌다 오르는 생선도 거반 임연수였습니다.

아버지 일로 분가한 이후부터 고향이 이북 이신 어머니가 생선을 좋아하셔서 식탁에 자주 생선과 젓갈류가 올라오면서 저도 생선은 많이 맛을 보았지만 일본에 오기전까지 청어는 맛을 본 적이 없었던 것 같습니다.
일제시대때 외할머니가 노역으로 흥남 부둣가에서 작업을 하노라면 어쩌다 생선이 많이 들어온 날에는 일 마친 후에 돌아가는 길에 일 나온 이들에게 외관이 상한 생선들을 나누어 주곤 했답니다.

외할머니는 이런 생선들을 가지고 집에 가서 어머니와 외삼촌들에게 생선을 요리해 주셨고 어머니의 기억속에는 이런 생선들이 어마어마하게 맛있었고 컸었던 모양입니다 어쩌다 집안에서 생선 이야기가 나올 때면 빠지지 않는 것이 어머니의 어린 날 이북에서 본 엄청 큰 생선에 관한 이야기인데 저는 그저 어린 아이에게 과대하게 크게 보여졌던 착각이라 생각 했습니다.

그러다 북해도에 와서 오타루의 식당에서, 이시카리의 어느 민박집에서 나온 작은 참치 새끼만한 40센티급 청어를 보고는 입이 딱 벌어졌던 일이 생각납니다.

이 청어란 놈은 동서양을 막론하고 즐겨먹는 생선이기도 합니다. 주로 2-10도씨 정도의 찬 바다에 사는 데 북유럽의 북대서양종 청어가 주종이고 우리나라와 일본 등지에 서식하는 태평양종이 있다고 합니다.

세계 제일의 악취 음식으로 유명한 스웨덴 북부지방의 수르스트뢰밍은 청어의 내장 등을 빼내고 소금물에 두 달 간 숙성시킨 뒤 캔에 넣는 대표적인 유럽식 청어음식이지요. 바이크 투어 다니다 무료 캠핑장에서 만난 자전거로 일본여행을 즐기고 있던 스웨덴 청년이 가져온 수르스트뢰밍을 처음으로 얻어먹어 볼 기회가 있었습니다.
지치고 힘들고 엄마가 보고싶을 때, 먹으려고 가져왔다던 음식이라며 텁수룩한 40대 같은 수염으로 가득 덮인 앳된 얼굴을 한 20을 갓 넘긴 아이가 건네 준 음식을 통해 이게 바로 스웨덴의 소울 푸드구나하는 생각을 해본적이 있었습니다

먹어 본 소감으로 제가 생선을 좋아해서 그런지 다른 사람들의 표현만큼의 무시무시한 느낌은 없었고 우리네 과메기 먹는 식으로 쌈 싸서 마늘 얹고 오이채 좀 얹어서 먹으면 먹을 만합니다. 홍어삼합 드시는 분이라면 전혀 문제없이 드실 수 있고요.
물론 맛만 적은 겁니다 냄새는 별개입니다.
청어를 가장 한국적으로 맛있게 먹는 방법으로는 뭐니뭐니 해도 과메기만한 게 없는 듯 합니다.

미역 한 덩어리

고추 한 조각

마늘 한 조각

그리고 청어 과메기 한 점을 초고추장에 살짝 묻혀 깻잎이나 상추에 싸 먹으면 입안 가득한 포만감과 곧이어 뒤따라오는 마늘과 고추의 자극적인 맛, 그리고 진한 비린내와 쫄깃한 식감은 해마다 겨울이면 생각나는 별미가 되지요.

과메기의 유래는 예전 어부들이 배위에서 식사할 때 반찬거리 할 요량으로 청어를 배위 지붕에 얹어 놓고 끼니때마다 몇 마리씩 꺼내어 먹었던 모양입니다. 그러다 어느 때부터 인가 얼었다 녹았다를 반복하여 깊은 맛이 배인 놈이 월등이 맛이 좋은 것을 알게 되고는 자연스레 그 제조법을 익히게 되어졌다 합니다.

해상과 달리 육상에서는 대량 건조가 가능하다 보니 눈에 구멍을 내어 여러 마리씩 메달아 말리기 시작하면서 관목어(貫目魚)라는 이름이 경상도 구룡포 사투리로 목(目)이 멕이나 메기로 소리나게 되며 자연스레 관멕이나 과메기라는 이름이 되어졌다고 합니다.

지방이 많은 생선이다 보니 얼며 녹기를 반복하며 수분이 빠져나가며 만들어지는 것이다 보니 말로는 쉽지만 막상해보면 상당한 노하우가 필요하다는 것을 알 수 있습니다.

북해도 와서 처음 맞은 겨울에 우연히 알게 된 이시카리의 어부 아저씨를 통해 아주 싼값에 청어 몇 십 마리를 사서 과메기를 만들어 보려다 모두 까마귀밥이 되었던 일이 있었습니다.

두번째는 인터넷 등을 통해 얻은 어설픈 지식으로 황태처럼 말려보려고 산 속에서 시도해보다 눈 속에 파묻혀 눈 녹는 봄에는 어디로 갔는지 청어 비늘 하나도 못 찾았던 일 (겨울 산속에 여우가 열심히 돌아다닌다는 사실을 무시해서 생긴 일)도 있었습니다.

드디어 2014년 겨울에 시도한 100여마리 청어 과메기 중에 열 댓 마리를 건지는 행운을 얻어 며칠간 맛나게 과메기 맛을 보기도 했습니다만 역시 전문가의 도움이 없이는 안되겠다는 생각 뿐입니다.

청어는 청어 자체로도 충분히 맛있는 별미이지만, 시간과 바람 그리고 노력이 곁들여지면 과메기라는 또 다른 이름과 계급을 얻게 되면서 마치 우유가 치즈가 되듯이, 와인이 꼬냑이 되듯이 한 단계 높고 진한 맛이 한 지붕 두 가족, 같은 재료 다른 맛을 내는 음식이 되는 거지요.

글을 쓰면서 떠오르는 그 진한 맛에 그만 입 안 가득 군침이 돕니다.
그나저나 이거 진짜 부탁입니다만 이 글 읽으시는 분 중에 맛있는 과메기 만드는 법 아시는 분계시면 비법 전수 부탁드립니다.

경험자의 비법만큼 중요한 게 없는 만큼 비법을 알려주시면 매년 잘 만들어진 놈으로 한 마리씩 보내 드리겠습니다.

매년 한 2-300마리정도 청어 과메기 만들어 민박집 오시는 손님들과 소주 한 잔 나눌 때 안주로 내놓으면 정말 잘 어울릴 겁니다. (錦上添花)
여행 오실 때 소주 가져오시고 저는 과메기를 내놓고 이런저런 세상사 이야기 듣다 보면 저도 모르게 조금씩 똑똑해질 것 같기도 합니다. 남는 소주는 제가 조금 마시기도 하고 매년 9월1일에 가서 만나는 소우야 미사키의 친구들에게도 좀 나눠주면 좋겠죠.

슈쿠즈 전망대에서 보이는 전경. 히요리야마 등대와 닛신고텐(청어자료관), 오타루수족관이 보인다.

청어가 오타루 앞 바다에서 많이 잡히는 이유가 알고 보면 조금 거시기 합니다. 심청이 서해바다 인당수로 투신한 이후 동해 용왕님이 열 받았었는지 지난 백여년 동안 동해바다의 수온이 약 3도씨 정도 올랐다 합니다.

물고기에게 수온 1도는 사람에게 3도씨의 체감온도 같다 합니다. 결국 수온 3도 상승의 영향은 포항 앞바다 근처에 살 던 청어들에게는 9-10도 정도의 온도상승이 된 것입니다. 이 청어들이 지금껏 살던 동네가 뜨거워져서 좀 더 살기 좋은 곳으로 시원한 물이 있는 곳으로 북상한 곳이 바로 동해 바다 끝자락에 위치한 오타루 앞바다였습니다.

백여년 전 갑자기 물밀듯이 몰려온 청어떼들은 어부들이 그물을 내리기만 내렸다 하면 그물이 찢어질만큼 많은 물고기들을 건져 올렸다고 합니다. 기록에 의하면 청어떼로 인해 엄청난 면적의 바다물 색깔이 은빛으로 물들었다 하니 어느 정도였는지 감히 어림짐작조차 안되는 바입니다.

1900년대초 조업기인 1월부터 3월사이에는 하루 조업으로 일년치 수입을 얻을 정도였다고도 히는 데 잘 실감이 안나는 바입니다. 청어잡이로 부를 쌓은 대표로 아오야마 도메키치(青山留吉)씨가 유명한데 이 집안(선단)이 1914년에 잡은 청어만 7500톤이상을 잡아 올려다하니 실로 대단하다 할 것입니다.

현대적인 장비도 아니고 대부분 인력으로 그물 내리고 끌어올리는 방식

으로 말입니다. 금전적 가치는 현재돈으로 어림잡아 약 25억엔정도가 된다 합니다. 아무리 돈가치가 떨어진 현대라 해도 3개월 조업해서 한화 250억원정도 벌면 꽤 짭짤한 사업일 겁니다.
물론 들어가는 돈은 인건비밖에 없고요…

오타루는 유리공예와 오르골 그리고 오타루 운하 등으로 유명한 관광지 입니다. 우리나라에서 "오겡끼데스까?"라는 대사로 인기를 끈 영화 "러 브레터"를 통해 크게 눈 덮인 오타루의 시가지는 멋지게 그려지지요

지금으로 백여년 전 북해도의 오타루는 이 청어 때문에 엄청난 부를 쌓 게 됩니다. 청어로 쌓은 부는 금융산업을 일으켜 오타루는 뉴욕의 월가 (wall street)에 비견되는 북해도의 월가라고 불리우게 되는 정도로 부자 동네가 됩니다. 당시 이토우 히로부미도 정치자금을 얻기 위해 자주 드나 든 곳도 바로 오타루.
갑신정변의 김 옥균이 북해도 유배 생활 중 자주 드나든 곳도 오타루라

합니다. 이 오타루의 숨겨진 비경 중에 하나가 오타루 수족관이 위치한 슈쿠즈(祝津)입니다. 슈쿠즈의 나지막한 언덕 위 파노라마 전망대를 통해 보여지는 경치는 정말 일품이지요. 위도가 높아서(북위43도)인지 왼쪽에서 오른쪽으로 멀리 떨어진 수평선을 바라보면 수평선이 둥글게 보여지는 것도 잔재미입니다.

주변의 히요리야마 등대(日和山燈台)와 청어자료관인 오타루시닛신고텐도 둘러볼 만한 명소입니다. 물론 근처의 구 아오야마테이(靑山邸)까지 발을 넓혀보는 것도 좋습니다.

그리고 이곳의 명물 청어구이 요리집 민박 아오즈카 식당(靑塚食堂)에서 꼭 청어구이를 맛보시라고 권해드립니다. 아쉽게도 과메기는 취급하지않습니다. 많은 일본인들도 청어 과메기를 먹기는 하지만 일반적인 상점보다 통신 판매로 구매하여 집에서 가정식으로 즐기는 음식으로 인식되어져 있기 때문입니다.

제가 생선구이 식당을 손님들에게 이야기하면 대부분

"오타루는 스시가 유명하다"던데

"다른 거 뭐 없어요?"

"어차피 한끼 때우는 거 500엔이면 소고기 덮밥 한 그릇인데"

"1,000엔이면 뜨끈한 라면에 군 만두도 한 접시 먹는데"

"생선 구이 달랑 하나에 1,500엔이라니 뭐가 이리 비싸"

라는 반응이 나옵니다.

하지만 저의 적극적인 추천에 못내 속는 셈치고 한 번 가보자 하는 분위기로 반신반의하며 가게 됩니다. 어느덧 바닷가 해수욕장과 그물 널어둔 어촌마을 풍경을 몇 개 건너 식당입구가 보이는 곳에 이르게 되면 뒷자리가 소란스럽다.

"에이 식당 건물도 꼬져가지구는"

"이런데 손님 데리고 오면 리베이트 주는데 아니야?"

"왜 있잖아, 손님들 데리고 가서 뭐 사게 하고 손님들이 물건사면 가이드나 여행사에 리베이트 주는데"

"아저씨 다른데 갑시다"

시내에서 차로 20분 오는 동안의 떨떠름한 표정들, 하지만 말입니다. 이 식당 여사장님은 사람들이 언제 웃게 되는지를 잘 알고 있는 아주 예리

한 분입니다. 작은 키에 통통한 몸매의 여느 일반 중년의 아줌마와 다를게 하나 없는데 얼마전에는 일본 유니클로 티브이 광고모델로도 나올 정도로 북해도에서는 유명인사입니다. 우리에게 1500엔은 비싸다면 비싼 돈입니다. 하지만 일본에서 1500엔으로 이 가게에서 내놓는 볼륨의 생선구이 정식요리는 맛보기가 정말 힘듭니다.

그렇기에 일본 전국각지에서 손님들이 끊임없이 들고 나는 것일 겁니다. 아무튼 같이 간 손님들의 표정을 살펴보면 의구심을 떨치지 못한 표정이다. 이 놈하고(필자) 식당하고 짜고 치는 고스톱 아니냐하는 본세의 말들이 나온다. 아무튼 분위기 이상하다.

그래도 여기까지 왔으니 기다리는 곳에서 줄 서고 기다리며 주변을 살펴보니 가관이다. 주변의 다른 청어식당은 손님대신 바람소리와 파리만 날리고 있는데 도대체 왜 이 집문 앞에만 기다리는 사람들과 연신 손님들을 실어 나르는 대형 관광버스로 북새통을 이루는 이 식당의 비결이 무엇인지 궁금해집니다.

더욱이 재미있는 게 이 많은 손님들이 대부분 일본인들과 중국인들이라는 것이다. 척하면 삼천리라고 부언설명없이 눈앞의 상황만 보고도 짐작이 가능한데, 일본인들에게는 이미 많이 알려진 명소인 것 같고, 또 싼 숙소에서 잠자고, 맛나고 비싼 음식을 찾는 중국계 여행객들의 여행 패턴은 익히 아니까 이해가 간다. 이 떠들썩한 식당 한 귀퉁이에 자리잡고 앉아 주변 분위기에 적응하고 있노라면 다른 한국인 손님이 전혀 보이지 않는다.

"아저씨 이집 이렇게 손님이 많은데 왜 한국인은 우리들 뿐이예요?"

"..."

사실을 이야기하자면 가격에 민감한 우리네 여행업계 사정으로는 가이드나 버스기사 비용마저 아끼지 않으면 안되는 것이 실상이다. "손님들 모시고 가면 가이드와 버스기사는 무료나 하다못해 반값에 주는 식당이나 약간의 리베이트를 주는 곳이 아니면 갈 수가 없다 보니 이런 리베이트 나오지 않는 곳은 모시기 어렵기 때문일 겁니다"

"..."

이야기가 이렇게 진실발표문 같으면 분위기는 딱딱해진다.

그런 이들 앞에 주문한 청어구이와 임연수어 구이, 오징어 구이 정식이 나오고 부지런히 입가로 실어 나르다 보면 나누는 대화에는 정겨운 이야기가 오간다. 우리 앞에 생선구이와 반찬이 담긴 그릇이외에 커다란 만족감이라는 보이지 않는 그릇이 놓여 그 그릇안에서 다른 이야기를 하고 싶어지는 것이다. 아오즈카 식당은 겉보기엔 청어구이를 파는 식당처럼 보이지만 실상은 만족감을 파는 북해도에서도 몇 안되는 희망 공작소인 거다. 여자분들이라면 어차피 다 먹지도 못할 만큼 나오는 풍성한 볼륨감을 즐기고 식당문을 나설 때는 아직 여름이고 가을인데도 소설 "북해정"의 풍경처럼 모두가 함박 웃는, 희고 깨끗한 눈이 내리는 어느 행복한 시간대로 빠져드니 이것이 바로 기쁨이다~

대략 1500엔정도 예산으로 남자성인 팔뚝 만한 청어구이 한 마리에

시골 집 밥 같은 공기밥 한 그릇

작은 가리비 새끼가 듬뿍 들어간 된장국

약간 하이타이 냄새가 나는 일본식 오징어젓

집에서 직접 담근 오이절임 두 세 조각..

다 드시고 난 후에 밀려드는 감동은 분명 포만감과는 다른 느낌이라는 것을 아시게 될 것입니다. 생선음식을 잘 못하시는 분이나 음식을 나누어 먹을 수 있는 가족이나 친구분들이 동행을 하신다면 한 분은 임연수어(ホッケ)구이를 주문하셔서 같이 나누어 드시는 것도 권해드립니다. 우리가 아는 크기와 두께를 넘어서는 큼지막 하고 두툼한 다른 맛의 임연수어를 즐기실 수 있습니다

아오즈카 식당(青塚食堂)

Tel 0134-22-8034

小樽市祝津3丁目210番地

오타루역에서 중앙버스 승차장에서

슈쿠즈 수족관행(祝津水族館行)을 타고

수족관마에(水族館前) 정거장 하차.

소요시간은 약 20분정도

www2.odn.ne.jp/aotuka/access.html

시라오이 규

"동무들 이제부터 이 밥에 쇠고기국을 먹을 수 있는 지상낙원이 펼쳐질 거외다"

매년 겪는 보리고개가 당연하던 시절. 북녘의 김일성 주석은 국가 목표로 잘 먹고사는 것을 제시하였다. 좀 여유 있는 사람이라 해봐야 매 끼니 굶지 않고 먹은 게 있는 정도였고, 끼니만 거르지 않는다 쳐도 잘사는 사람이라 부르던 시절이있었다. 그것이 어제의 우리다.

불과 반세기 전만해도 우리민족은 이렇게도 지지리도 못살았다. 그 와중에 광개토대왕도, 세종대왕도 못해낸 일을 해 준다니 인민들은 감동했고 지금도 감동만 하고 있다는데. 아무튼 다른 동네는 다 건너뛰고나서 우리 민족에게 있어 흰 밥과 소고기는 최고의 가치를 지닌 음식이지 않나 싶다.

오죽하면 나라가 망하는 때에 임금께서 청해 드신 음식이 소고기 국이었을까? 내 부모세대의 각고의 노력 덕으로 굶기는 커녕 이제는 너무 많이 먹어 살을 빼려 운동이다 다이어트다 부산을 떠는 지경이니 지금을 사는 우리 세대는 정말 복 받은 세대이다. 하기사 하늘에서 이 땅으로 내려올 때 하나님이 분명 물어보셨을 겁니다. "너는 10억개중에 하나가 될터이냐?"

"아니면 3억개중에 하나가 될터이냐?"그 대답에

"하나님 좀 더 귀하게 될 수는 없나요? "

"그럼 7천만개중에 하나면 되겠느냐?"

"예! 그 정도면 좋을 것 같아요"

같은 대답을 했던 우리가 이렇게 같은 말과 같은 글을 쓰고 있는 것이겠지요. 그런 우리에게 소고기는 아직도 최고의 자리를 놓치지 않고 있는 소울 푸드일 겁니다. 그래서 그런지 일본에 관광 오게 되면 한번 정도는

고기집에서 푸짐하게 만찬을 즐기시게 되나 봅니다.

그 소고기의 최정상임을 자타가 공인하는 브랜드 소고기가 코오베 소, 마츠자카 소등이 알려져 있는 가운데 제가 있는 이곳 북해도에서 맛볼 수 있는 최고의 소고기를 알려드릴까 합니다.

아시다시피 육류의 유통은 산지로 오는 손님들이 적다 보니 산지에 좋은 고기를 제 아무리 많이 가지고 있어도 오랜 기간 판매되지 않으면 그 자체가 더 안 좋은 상품이 되어 버립니다. 이런 특성으로 제일 먼저 가장 좋은 등급의 고기를 중심으로 소비가 많은 지역으로 보내게 되고 오히려 산지에서는 제대로 된 고기 맛을 보기 어려운 것이 현실입니다. 이제부터 제가 이야기하려는 시라오이白老라고 하는 동네는 주변에 노보리베츠와 아이누민족박물관 등이 인접해 교통과 접근이 용이한 곳입니다.

일본은 예전부터 소보다는 전란이 나면 군마로, 평상시에는 농경용으로 쓸 수 있는 말을 선호했습니다. 또 워낙 추운 곳인 북해도는 처음부터 아예 소를 키울 생각조차 하지 않았다고 합니다. 하지만 기술의 발달과 장비의 선진화로 추운 지방인 북해도에서도 대규모의 목축과 식물 재배가 가능해지면서 추위에도 강한 홀스타인 종의 젖소를 들여오기로 합니다. 이후 1954년 육우용인 일본 흑소(黑毛和牛) 44두를 시마네현으로부터 들여오면서 북해도 전역으로 또는 다시 혼슈로 내려 보내져 사육하게 되어졌다 합니다.

일본 법률상 최종적으로 제품화 된 지역이 산지로 인정되어지기에 시라
오이 소는 워낙 좋은 품종이다 보니 송아지 때 코오베나 마츠자카로 보
내져 브랜드 소의 원우(元牛)가 되기도 합니다.

이는 소자체의 개량에도 큰 영향이 있지만 우선적으로 연중 서늘한 기온
과 육우 성장에 큰 영향을 미치는 목초에 북해도 인근의 청정 바닷가에
서 불어오는 해풍에 담긴 미네랄 성분이 듬뿍 들어있기 때문이란 설명이
있습니다. 현재 시라오이 소는 대략 28-32개월정도의 성우를 육우로서
시장에 출하시키며 시라오이에 약 50호정도가 사육을 하며 총7,000두
정도에 이른다 합니다.

시라오이 소고기는 섬세한 마블링이 마치 초겨울 마당 장독에 서리 내린
것 같이 지방이 섬세하게 배여 있는 구이전용 고기입니다.

미국으로 이민간 친구녀석이 우스개 소리로 했던 말처럼 사는 곳이 바뀌
니 입맛이 바뀐다며 처음에 커피에 설탕과 크림을 듬뿍 쳐서 마시던 것
이 알게 모르게 설탕이 빠지고 크림이 빠지더니 몇 년이 지나니 커피만
마시게 되더라 하는 이야기처럼
종교적인 이유와 관습상의 이유로 뒤늦게 고기를 먹게 된 일본이어서 그
런지 서구식 조리법을 구사하여(국거리보다는) 구이로 고기를 먹는게
선호되어지고, 고기는 주로 숯불에 구워 먹습니다.

사실 시라오이 소고기는 맛도 맛이지만 고기가 구워질 때 숯불 석쇠위에

서 풍기는 냄새가 저는 더 점수를 주고 싶을 정도로 부드럽고 진한 향은 일품입니다.

시라오이 소고기를 맛보는 곳은 삿포로 시내에 몇몇곳이 있으나 아무래도 고기는 세련된 건물보다는 좀 촌스럽지만 활활 붙는 숯불에 냄새 펑펑 풍기며 굽는 맛이 제 맛이다 싶어 간간이 찾는 집이 "아마노 패밀리 팜".

남편 사장님은 목장 관리를 하고 여사장님인 부인이 가게를 운영하는 작은 고기 집입니다.

어쩌다 몇 번을 찾아가다 보니 이제는 얼굴을 알아봐 주시고 인사도 건네는(선한 얼굴의 우리동네 미용실 원장아줌마 같은) 여사장님이 고기집의 정취를 더해줍니다.

이 집의 대표상품인 써로인 스테이크 sirloin steak 특상

"어떻게 먹어야 맛있게 먹는건가요?"물어보니

아마노 패밀리 팜

전화 : 0144-82-5493, 영업시간 : 오전 11:00-오후 08:00

휴일 : 매주 수요일, 北海道白老郡白老町字白老766 – 126

http://www.dreamsite.ne.jp/user/amano/

주변에 손님도 없는데 귀속말로 조심스레 말한다.

"좋은 고기일수록 최대한 단순하게 좋은 소금만 쳐서 먹는 거예요"라고
한다.

여사장님 자랑의 이 집 소금은 천연 암염이라는데 짠 맛은 약하고 고소
한 맛마저 난다.

과연 소금이 맛있다고 하니 너무 많이 먹지 말란다.

"많이 먹으면 몸에 안 좋은가 봐요?"

"아니예요. 비싼거라서 그래요"

"!?"

자동차로 가실 경우는 시라오이 톨게이트를 나오자 마자 오른쪽으로 우
회전한 후 2,5키로미터정도 올라가시면 오른편에 나오는 로그하우스풍
건물입니다. 오늘 아버지 어머니 그 동안 수고한 마누라에게 일년에 한번
쯤 대접하고 싶은 집입니다.

이렇게 얘기했는데도 보신탕집 어디 있냐고 물으면 확 물어 버릴꺼!

북해도 개(北海道犬)

야생 동물 중에서도 가장 높은 상위 포식자인 불곰에게 마저 죽음을 두려워하지 않는 용맹함.

"크르릉"

"컹컹"

"켕켕…"

송곳니를 드러내며 곰의 주변을 돌며 공격하는 개들의 아우성치는 소리와 조용한 가운데 개들을 노려보는 커다란 덩치가 어렴풋이 보인다. 포수들은 눈 뒤쪽 귀밑 급소와 눈과 눈사이의 급소를 겨냥하고 곰의 움직임이 가라앉기를 기다렸다.

그 순간이 왔다.

"탕"

"탕"

여러 발의 총성이 울리고 커다란 덩치는 미끄러지듯이 옆으로 누워 버린다. 쓰러진 곰의 주변으로 곰의 앞발에 맞아 두개골이 으스러져 죽은 녀석과 양쪽귀가 다 떨어져 나가고 혀가 반 이상 잘린 녀석 코와 턱이 부러져 덜렁덜렁 거리는 녀석, 그리고 다리가 부러져 제대로 걷지도 못하는 녀석들이 쓰러진 곰 앞으로 주인이 다가서자 모두가 꼬리를 흔든다. 바로 조금전의 맹수 같던 개들이 바둑이처럼 순해져 있었다.

북해도 최대 맹수인 불곰조차도 두려워하지않고 덤벼드는 이 용감한 사냥개들은 북해도견입니다. 생긴 모습은 그야말로 영락없는 진돗개 그대로인, 어찌 보면 개 치고는 예쁘장한 모습을 한 녀석들입니다. 보통의 동물들은 자기의 목숨이 위험하거나 공격을 받으면 도망가거나 지금까지 생각치도 못한 무시무시한 모습으로 반격을 하게 되는데 야생 동물 중에서도 가장 높은 상위 포식자인 불곰에게 마저 죽음을 두려워하지 않고 주인의 말에 따라 덤벼드는 엄청난 용맹함에 이런 야생이 넘치고 외골수인 개들을 일반인이 가정에서 길러도 좋은가 하는 의문이 들기도 할 정도입니다. 그래서 그런지 조직사원분들이 많이 기르는 개로도 알려져 있습니다.

아이누 사람들의 말로 "세타" "시타"라 불리웠던 북해도견들은 1937년(昭和12年)에 일본의 천연기념물로 지정됐다.

보통 대다수의 개들이 이런저런 이유로 종류가 다른 개들과 섞이게 되지만 북해도견은 북해도지역의 폐쇄적이고 험준한 지형의 영향으로 인해 그 대부분이 본래의 혈통을 유지하였다 합니다.

어디에서 발원했는지 어떻게 북해도지역에 들어오게 되었는지 기원에 대한 연구가 진행되고 있지만 아직 확실하게 밝혀진 바는 없다. 대신 많은 학자들이 추정하는 바 (사람이 먼저 내려왔는가 개가 먼저 내려왔는가 하는 원초적인 문제가 있기는 하지만) 북쪽에서 사람과 함께 개들도 이동해 왔다는 견해가 지배적입니다.

당연히 북해도로 남하해 온 사람들은 농경민족이 아닌 수렵을 하는 사냥꾼 집단이었기에 사냥할 수 있는 동물인 개들과 함께하였을 것입니다. 북해도하면 떠오르는 대표적인 이미지가 "불곰" "아이누 원주민" 등이지만 실은 아이누 이전에도 살았던 원주민이 있었다 합니다. 상당히 작은 키의 사람들로 북해도 머우에도 몸을 가렸다는 기록이 있는데, 이들이 누구인지에 대한 연구와 설이 분분합니다. 저는 북해도대학의 고다마박사의 퉁구스계 민족의 이주설이 맞지 않나 싶습니다.

만주와 시베리아에서 남하해 온 것이라 하는데 이들에 의해서 북해도에 현재의 북해도견들이 들어오게 되어진 것이라 보는 견해이며, 우리나라의 진돗개와 비슷한 경로를 통해 만주나 시베리아에서 내려온 것으로 보입니다.

개가 이리(狼)에서 개량되어진 것이 맞다 하면 다른 개들과의 혼혈이 적은 이 개들은 아직 야생의 피가 더 뜨겁다 할 것입니다. 예전 사람들은 소리없이 기어와 사람을 무는 뱀(蛇)이 제일 무서웠던 모양입니다. 그래서 마당에 돼지를 놓아 기르게 되고 (돼지는 비계층이 두꺼워서 뱀에게 물려도 괜찮다네요) 돼지 우리 위에 집을 짓고 살게 되면서 편안해졌다는 뜻으로 집 (家)자가 돼지 위에서 살면 편하는 형상으로 생겼다는 것과 같이요. 이는 마치 동남아의 어느 시골동네에 가게 되면 펼쳐지는 풍경이라 할 수 있습니다. 마을을 자유롭게 돌아다니는 돼지들과 약간 높게 지어진 집들…

연상이 되시지요?

그와 같은 이유로 북해도 아이누민족에게 신으로 모셔졌던 가장 무서운 맹수인 불곰을 자신들은 전혀 보이지도 않는 칠흑 같은 밤, 소리도 없이 다가오는 놈을 보이지도 않는 곳에서 알아내고 짖어 대는 개들은 정말이지 고맙고 신기한 존재였을 것입니다. 겨울 밤이 깊어가면 술(酒)이 얼고 그 밤이 더 길어지면 불 밝히는 기름(油)이 언다는 대자연의 속의 삶은 강인함 그리고 자연에 순응하는 진화가 요구되었을 겁니다.

그 옛날 사람 키를 넘는 흰 눈 덮인 대지를 사냥하기위해 주인과 함께 뛰던 발걸음이 지금도 북해도를 덮는 눈만큼 남아있는 이 개들은 어쩌면 우리민족이 내딛던 북쪽의 대지를 기억할지도 모르겠습니다. 이 용맹스런 친구들에 대해 조금 더 부언설명을 하면 2차 세계 대전 아칸(阿寒) 히타카(日高) 치토세(千歲)지역의 혈연계통으로 나눠지고 이후 아즈마(厚眞), 이와미자와(岩見澤) 그리고 오시마(渡島)지역이 추가되어 6계통이 된다. 전후 아칸 계통이 없어지고 1955년을 경계로 아즈마와 오시마 계통도 없어져 지금은 치토세, 이와미자와, 히타카의 3계통이 대표적이며, 전체적인 외형은 진돗개와 닮았고, 색깔은 갈색, 흰색, 전체 흑색에 노란색이 약간 섞인 색, 군복의 위장복 같은 형태의 호랑이 줄같이 나타난 놈도 있고, 회색, 참깨색이 있고 이런 색깔의 파생된 변화색이 있다합니다.

가난한 우리집에 팔자 좋은 천연기념물(天然記念物) 하나가 번듯하게 누워있습니다. 밥도 먹고 오줌도 누고 똥도 쌉니다. 지금까지 설명 드린 바로 북해도견이라 불리우는 우리집 막내 "야마"입니다. 족보상 등제된 이름은 "긴센(金泉)이지만 우리집 딸들이 좋아하는 일본의 아이돌 스타 이름을 따와 "야마(山)가 됐습니다. 저야 일본인이 아니니 그 이름에 대한 반감이나 이질감이 없습니다만 산책길에 옆 길로 새려는 녀석을 "야마 짱"하고 부르면 지나는 사람들이 흠칫 놀라거나 더러는
"이 놈 여자 개입니까?"하며 되묻는다.

이유인 즉 보통 일본에서 여자아이들 이름 뒤에 붙이는 "짱"이라는 호칭을 남성적인 이름인 "야마"의 뒤에 붙여 부르기 때문입니다. 우리 식으로 본다면 "돌쇠" "마당쇠" 정도의 이름 앞뒤에 "미스"나 "양"을 붙여 "미스돌쇠" "마당쇠 양" 이라고 부르는 느낌입니다.

아마도 야마가 자기이름이 그런 술 알면 바꿔 달라고 매일 매일 난리를 칠 겁니다. 아무튼 야마란 놈은 온 몸이 하얀 털로 뒤덮인 우리의 진돗개와 아주 비슷한 개입니다. 얼굴 생김새도 특히 턱과 꼬리가 말린 것도 같습니다. 아주 어렸을 땐 크지 않지만 자라면서 혓바닥에 검은 반점이 크게 생기는 것이 있는데 진돗개에도 이런 점이 있다고 하는 것을 보면 아마 같은 조상일 겁니다. 우리집 야마의 혈연 관계는 치토세(千歲) 계통이고 시라오이(白老)가 고향, 일반적인 개들이 다 비슷하겠지만 우리집 야마는 특히나 공놀이를 아주 좋아합니다. 산책 다니는 길가에 파크볼 잔디밭이 있어 동네 노인네들의 공 치는 소리만 나도 이 녀석이 좋아서 어쩔 줄을 모릅니다, 거기다 구르는 골프공을 보면 쫓아가려 난리가 나지요. 말랑말랑한 작은 고무공을 특히 좋아하는데 몇 번 가지고 놀다 보면 어느새 펑크가 나 안 움직이게 되면 시무룩한 얼굴이 되고 코로 고무공을 밀어 냅니다. 올 겨울에는 이 고무공에다 솜이나 스펀지를 가득 채워서 펑크 나지 않는 공을 한 번 만들어 봐야겠습니다.

요즘 들어 낮에는 날 좋으면 밖에 매 두는데 이층에서 내려다보면 앞다리 부분이 발달해서인지 마치 제가 좋아하는 BMW 모터사이클 R1200RT

나 R1200GS같이 잘빠진 몸매를 보는 기분입니다.

북해도견 견종이 그런 건지, 우리집 "야마"만 그런 것인지 어쩐 지는 잘 모르겠지만 운동하는 것을 아주 좋아합니다.

처음 집에 데려왔을 때가 생후 두 달 정도 되었을 무렵이었는데 하얀 털로 뒤덮인 조그만 강아지가 잠자는 시간을 빼고는 시간이 날 때마다 집안 이곳 저곳을 돌아다니기에, 어차피 밖에서 키워야 할 개이니 밖에 내놓고 키워 볼까 했습니다만 주변에 강아지 키우는 분들이 너무 어려서 밖에 내놓으면 누가 집어 간다고 하고, 너무 어리다 보니 체온 조절 능력이 떨어져서 쉬이 병에 걸린다고도 하니, 아무리 미물이라도 생명을 받고 태어난 존재를 내 집에 들여서 죽게 되거나 하는 것은 더더욱 싫어 당분간은 집안에서 키우기로 마음먹고 집에서 기르게 되었습니다.

처음엔 그런가 했는데 조그만 강아지가 이곳저곳 아무데나 오줌 똥을 누고 조금 지나서는 자기가 좋아하는 공간에서만 용변을 보는 것이었습니다. (특히 작은딸 방 한 쪽 구석) 온 집안식구가 개에 관련한 책자를 참고로 하며 강아지에 관한 이해도를 높여가며, 오줌 똥을 누는 개 전용 변기를 들여놓고 그 밖에 이런저런 방법을 써보아도 신통치 않아 궁여지책으로 시간 많은(?) 제가 아침 저녁으로 산책을 시키기로 했습니다.

하루에 두 번, 아침에는 아내가 산책을 나갑니다. 저녁에는 제가 약 한 시간정도 동네를 산책합니다. 산책하면서 용변 보는 습관을 들리게 하려는 생각이었습니다. 물론 시간이 많이 남을 때는 한낮에도 한 밤중에도 나갑니다. 그러다 보니 제가 옷 입고 양말 신으면 대충 눈치 잡고 산책 나갈 준비로 허리를 풀기도 합니다. 아주 똑똑한 것 같지는 않지만 대충 주인의 행동으로 뭘 하려 보다 하고 짐작을 하는 것 같습니다. 삿포로 살 때 바로 집 앞에 있는 슈퍼마켓에서 300 ~ 500엔어치 자투리 고기를 사다가 집 앞 마당에서 바비큐라도 구워 맥주 한 잔 하려고 바비큐 화로를 꺼내기만 해도 벌써 난리가 납니다. 나도 한 입달라고 이리저리 뛰어다니고 짖는 게 영락없는 갭니다.

맞는 목줄이 없어서 처음엔 고양이용 목줄을 목에 둘렀는데도 가장 작은 구멍에 맞춰야 목에 맞을 정도였습니다. 작은 개들만 잠깐 키워 본 경험밖에 없었기에 이런 중형견들이 어떻게 성장하는지를 잘 모르니 북해도견 기르는 주변사람들 통해 주어들은 이야기로 성장하면 20키로 가까이 된다니까 (천년만년 쓸 줄 알고)엄청 큰 개 줄을 사고는 조그마한 강아지에 두르고 산책 다니게 되었습니다.

지금 돌이켜보면 사정 모르는 사람들이 봤을 땐 거의 코메디 수준이었을 겁니다. 이제 갓 각종 예방주사 맞춘 고양이만한 작은 강아지에게 20키

로가 넘는 대형견을 끄는 굵은 리드줄을 매어 놓고는 강아지 뒤로는 90 키로에 육박하는 곰 같은 사람이 뒤뚱 뒤뚱거리며 걸으니까요.

이와 함께 샤워장에서 용변을 보게 유도하고 성공하면 간식거리나 강아지용 과자를 주어 집안에서는 샤워장에서만 용변을 보게 하는데도 성공하였습니다. 앞서도 언급했지만 북해도개는 아이누(북해도와 사할린 지역의 선주민) 사람들이 기르던 개로 사슴이나 곰사냥을 하는 사냥개입니다. 타고난 성격이 용맹하여 곰을 마주하고도 도망가지 않고 당당하게 맞섭니다. 이 개에 대해 아는 일본 사람들은 북해도개는 생긴 모습은 귀엽지만 무서운 개라는 뜻으로 카와이케도 고와이 이누"(可愛いけど怖い犬)라 합니다.

특히 요사이 모 전화회사 광고 모델로 등장해 아버지 역할을 하는 북해도견 카이 군(君)을 보고 (광고모델 개 이름이 "카이" 입니다)

"예쁘게 생겼네 나도 키워보고 싶다"

라는 생각을 하시는 분들이 많아졌다 합니다.

하지만 많은 팻트 숍에 가보아도 비슷한 견종은 많아도 북해도 견을 취급하는 곳은 거의 없다는 것을 알게 됩니다.

그것은 바로 이 놈들의 기질이 예쁘장한 외모와는 달리 외골수이기 때문입니다. 경찰견이나 경비견으로 널리 알려진 세퍼드나 도베르만 같은 개들은 그 외모만으로도 그 역할을 충분히 감당하고, 여러 사람에 의해 통제가 가능한 반면, 북해도 견은 그 기질이 워낙 외골수이다 보니 주인이 아니면 그 말을 듣지 않고 그나마도 어릴 때 명확한 서열관계를 정립해두지 않으면 주인마저 무는 경우가 허다한 정도입니다.

험한 세상 부부가 집을 많이 비우게 되는 일이 많다 보니 딸아이들이 걱정이 되어 강아지라도 한 마리 있으면 좋겠다 하여 알아보게 된 북해도견이지만 모두 다 나가버린 오후 덩그러니 혼자 있는 집안도 이 녀석 덕분에 심심치 않아 좋고, 아이들도 학교 갔다. 오면 반겨주는 이 작은 친구가 있어 좋아하는 듯하여 제가 한 제 인생의 몇 안되는 잘한 선택 중에 하나가 되었습니다.

저희 가족도 야마를 분양 받을 때 북해도견 보존협회의 시라오이(白老)지부의 카와카미(川上)씨로부터 신신당부 받았던 말이 있습니다.

북해도견 보존협회의 시라오이(白老)지부의

카와카미(川上)씨와 야마의 동생강아지.

어렸을 때 되도록 많은 사람들과 어울리게 해서 사람들과 친해지게 하라는 것이었습니다. 처음엔 무슨 말인지 몰랐었는데. 가족들 이외에 사람을 접한 경험이 없거나 적은 경우, 사람을 무는 경우가 비일비재하다 하기 때문이었습니다.

다 아시겠지만 개가 사람을 물게 되면 그 모든 변상과 함께 개 또한 살처분 당하게 되므로 개와 관계된 사람 모두가 피해자가 되기에 최대한 많은 사람들과 접하게 하여 사람을 무는 개가 되지 않게 하라는 뜻이었습니다. 그리고 어느 정도 커지면 강아지에게 자신의 서열을 알려주기 위해서라도 앞발을 잡고 양 옆으로 벌려 항거불능의 상태로 만들어야 한다는 주의를 들었습니다. 서열의식이 강한 특히나 그런 기질이 강한 북해도견에게는 필수적이라는 것을 경험했습니다.

생후 육 개월 정도쯤 되었을 무렵 마음먹고 야마의 앞발을 양쪽으로 벌려 눌러 놓고 항거불능상태로 만들어 놓으니 이 놈이 불안해서인지 제 손을 물고 비명소리를 지르고 낑낑거리다 오줌을 지리더군요. 이 정도면 됐겠다 싶어 놓아주었더니 한 동안 제 근처에는 오지도 않게 되었습니다. 처와 아이들은 불쌍해서 안 하겠다고 해서 하지 않았습니다만 결과적으로 야마에게는 저만 리더이고 나머지 식구는 다 자기 밑으로 인식하는 것 같습니다. 한 마디로 일반적인 보통 개는 아니라는 것입니다.

산책 중에 신나게 뛰다가 다리를 접질려 깽깽거려 집까지 않고 오기도 하고, 헝겊인형을 물어 뜯어 인형속의 솜을 먹으려 하면, 먹고 탈 날까 봐 장난감 빼앗으려는 식구들에게 으르렁 거리기도 하지만, 밖에 나가 일하다 돌아오면 누구보다 먼저 나와 꼬리가 부러질 세라 흔들며 반겨주는 포커페이스가 불가능한 하룻강아지 야마!

서당개 삼 년이면 풍월을 읊는다 했던가?

일본생활 십 수년에 일본에 대해 글 쓴다고 책상머리에서 끙끙대는 미련 곰탱이 같은 아저씨에게 방해 안되게 저만치 떨어져 코를 고는 놈…
이제는 뭐라하면 "꾸우우 꾸우우"라고 마치 사람말처럼 말대꾸도 하는 놈. 먹는 것 무지 밝히고 조금 덜 똑똑해도, 개 치고는 착한 우리 야마!
운동 좋아하는 녀석인지라 가족 모두가 바쁘거나 밖에 눈비 내려 산책 못 가는 날은 스트레스 풀려고 집안 벽을 다 긁어 놓아 앞으로 얼마짜리 공사를 해야 할 지 걱정이지만 어느덧 벌써 세 번째 생리를 하는 우리 집 막내 야마!

너 때문에 바닥 치우는 게 힘들고 귀찮기도 하지만
야마야~부디 천수를 다해 우리 가족 모두 오래도록 함께 하자꾸나.

우리집 기념일 추가요 ~

매년7월30일은 고기 굽는 날

여하튼 북해도견을 한 마디로 정의하면 "제대로 된 경비견이자 재미있는

반려견입니다!"

이 녀석 때문에 사람들 우리집 올 때 좀 조심조심 살피며 오는걸보면은요

….ㅋㅋ

스시 젠(すし善)

코미디를 보러왔다 그만 슬픈이별을 그린 비극영화를 보는 것같이 기분이 차분히 가라앉고 무거워지는 것이 스시다.

장동근, 원빈, 정우선, 이병헌, 김태희, 송해교, 한애슬, 전지현 같은 싱싱한 회 감이 늘어선 이곳은 강제구, 김기독, 봉준후, 박찬억 감독 등 기라성같은 칼잡이들이 호시탐탐 더 높은 곳을 향하는 나그네들의 발길을 기다리고 있습니다.

"스시 젠"

스시로 밥 먹고 사는 사람들, 스시 외길로 벤츠 타는 사람들이 있는 곳입니다. 1년에 한 번 갈까 말까 한 곳이지만 그래도 7-8년동안 매년 가보는 호사도 누려보았기에 그 감상을 살짝 풀어 보려 합니다.

동경에 살 때는 아무래도 젊은 나이였었던 지라 스시에 대해 그다지 맛을 못 느꼈던 것 같습니다. 이유인 즉 아무래도 질보다는 양으로 승부하는 쪽이다 보니 우리식으로 푸짐하게 생선회 몇 접시에 매운탕 그리고 마지막으로 냉면이나 한 그릇 먹는게 훨씬 좋아 보였기 때문이었습니다. 하지만 어쩌다 모시게 된 귀빈들과 함께 하였던 긴자의 몇몇 가게와 쓰키치 시장에서 맛본 스시는 정말 감동이었습니다.

스시라는 음식 자체가 일본이라는 나라와 동일시하는 정도로 일본의 대표적인 상징물로 여겨졌기에 해를 거듭하며 일본 여기저기를 돌아다니다 보니 지역에 따라 스시도 장인도 천편일률적인 맛과 정서가 아님을 알게 되었습니다.

방어와 오징어를 좋아하다 보니 그쪽으로 두툼한 네타(생선살점)를 얹는 곳으로 자주 가게 되었습니다. 오사카 살 때에는 개인적으로는 저렴하고 맛도 그럭저럭 평균 이상인 쿠라즈시, 스시로, 갑빠스시 등을 다니며 맛나게 먹었었습니다.

가격대는 대략 1,000엔에서 1,500엔정도면 배부르게 먹고 나오니 그리 큰 부담도 안 느끼고 좋았습니다. 킬리만자로의 표범처럼 일자리를 찾아 올라온 북해도에는 오타루의 초밥이 유명세를 떨치고 있었습니다.

미스타 초밥왕의 쇼타가 이제라도 곧 나올 듯한 스시 거리의 시니세(老鋪)들, 작고 아담한 초밥집들은 언제라도 매일 그저 그렇듯이 만나는 동네 사람처럼 반겨 맞아준다.

이에 비해 삿포로에 그 중심점을 두고 운영되는 스시 젠(すし善)은 좀 다르다. 미스터 초밥왕에 나오는 초대형 거대 자본의 초밥집 사사즈시(笹すし)같은 느낌이라면 오타루의 초밥집들이 옛적 동네 서당 같다면, 스시젠은 마치 현대식 시설에 훌륭한 교수진을 갖춘 세계일류급 대학이라 할 것이다. 누구라도 부담없이 들어가 가벼이 청주 한 잔 기울이며 앞에 놓인 TV 드라마 보며 먹는 가게는 아니라는 것이다.

예약하는데 이틀이 걸렸다. 초겨울 시즌 중이니 당일은 물론 불가능한 거겠고 "이틀 뒤에 가고 싶은데 괜찮습니까?"하니

"잠시만요, 확인하겠습니다"

"죄송합니다 이틀 뒤는 만석입니다"

"그럼 가능한 날을 알려주시면 그날에 맞춰 가겠습니다"하니 많이 놀라는 말투로 답한다.

"그럼 잠시만 기다려 주십시요 확인하고 알려드리겠습니다"

"…"

약간의 시간이 흐른 뒤

"3일뒤 점심 무렵은 어떠십니까?"한다.

나는 무조건 괜찮다고 하고 예약을 했다.

대부분 스시를 논할 때 자주 등장하는 것이 밥 덩어리(シャリ)와 생선 살

점(ネタ)이다. 잘하는 사람은 밥알 수가 늘 한결같다고 한다. 하지만 내가 아는 장인들은 하나같이

"쌀종류에 따라 개수는 틀리기도 한다. 하지만 밥덩어리(シャリ) 무게는 거의 20그램 정도로 만든다"

"밥알 개수보다 더 중요한 것은 밥 덩어리안에 들어가는 공기의 양이다"

"손가락으로 스시를 잡았을 때 약 5초정도 버티는 정도가 가장 이상적이다"

"이 정도 되어야 입안에 밥덩어리가 부드럽게 형체가 부서지며 생선살(ネタ)과 잘 어우러진다"

오히려 의외의 존재인 "공기"를 더 강조한다.

마치 우리가 잘 모르는 아이스크림속의 공기와 같이

마루야마 공원근처
성공한 사업가와 은퇴 후 여유를 즐기는
삿포로의 부자 동네.
그 초입에 위치한 스시 젠
본점

정문 옆 주차장에 주차를 마치고 시간 맞춰 들어서니 살포시 눈이 날리기 시작한다. 입구에 들어서니 기모노를 입은 리셉션니스트가 이름을 묻는다. 당연히 예약은 기본사항이라 생각하는 것이다. 이름을 말하니 기다리고 있었다며 안으로 안내를 해준다. 깔끔한 내부공간에 나무 인테리어가 고급스러운 질감을 은은히 드러내고 있다.

역시 고급 초밥집이라는 감탄과 주눅이 드는데 앞에 웬 사내가 이런저런 연장(?)들을 가지런히 정리한다.

한 놈, 두 놈, 석 삼, 너구리…

약간의 시간이 흐른 뒤

마치 난중일기의 충무공처럼 그 중 긴 칼을 하나 꺼내어 생강 절임(초밥집에선 이를 카리(カリ)라 합니다)을 얇게 잘라 내놓으며 공손히 묻는다.

"혹시 알레르기나 입에 맞지 않는 음식이 있으신가요?"라며 하지만 내 귀엔 "난 오늘 벤츠 타고 출근했는데 너 뭐 타고 왔니?" 처럼 들린다….

일본 전국 스시집 약 1만여점에서 가장 좋다고 알려진 집 그것도 본점.

마치 우리나라 대형 교회 목사님 되는 비율로 뽑힌 친구인만큼 저절로 주눅이 든다. 아니면 조금이라도 잘 보여야 맛있는 거 주지 않을까 하는 파블로프의 개처럼 무조건 잘 보여야 한다는 조건반사인지 모르겠다.

"특별히 못 먹는 것은 없스무니다"

"생선은 아무거나 다 좋아하무니다"하니 무표정한 얼굴로

"예 알겠습니다"한다 공손하게 마치'…그렇구나 너 벤츠 못 타는구나…"

는 듯이

壽石(쥿세키)는 다이아몬드라는 뜻. 아마도 장인의 흔들리지 않는 굳건한 마음가짐과 찾아온

성공한 손님의 열정을 치하하는 말이 아닌가 합니다. 갈 때마다 물어보면 조금씩 답이 다른

걸 보면 나름대로의 해석이 가능합니다.

로고가 들어간 수건과 받침 젓가락 포장 등이 고급스럽다

잠시 후 뒤쪽에서 아가씨가 스시 젠의 로고가 들어간 젓가락과 물수건을 자리에 놓아준다. 그리곤 잠시 후에 간장 종지와 간장을 내오고 한꺼번에 다 가져와도 될 것 같은데 일부러 하나 하나씩 가져 내오는 것에는 무슨 이유가 있을 듯한데 막무가내로 묻기도 뭐하고 해서 일단 지켜본다.

곧이어 녹차가 나온다. 녹차는 약간 찌그러진 찻잔에 담아 내왔다. 혹시 마음이 차분히 가다듬어지지는 않았는지 일깨우게 하는 듯하다. 이렇게 아기씨가 뒤쪽에서 하나하나 가지고 오는 동안 앞에 칼잡이 아저씨는 연신 바쁘다.

칼잡이의 손놀림이 줄어들더니 광어(平目)가 나온다. 칼잡이의 무표정한 얼굴사이로 빛이나는 눈동자는 조용히 말하고 있었다.

"어이 촌닭. 준비됐나요~?"

나도 모르게 엉겁결에 대답한다.

"예? 예~"

물론 눈 빛으로

자~ 이제부터 시작이렸다~

나도 모르게 콧노래가 나온다.

광어(平目)

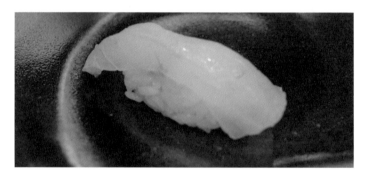

아직 밥은 따뜻하고 광어살은 차가운 묘한 밸런스가 정말 찰떡궁합. 입에 들어가자 마자 허물어지는 밥. 굳이 씹지 않아도 입안에서 녹아 들어간다. 아직 차가운 한기가 남아있는 쫄깃한 식감의 광어살. 회식 때 두툼하게 썰어 놓은 광어회를 한 젓가락에 서너 점 씩 집어 올린 후 깻잎에 마늘, 고추, 얇게 잘라 놓은 고명들을 듬뿍 초장에 묻혀 싸 먹는 맛도 좋지

만 살점 하나에 한 마리 전체를 음미하는 이런 맛노 재미있다.

옆 사람 눈치를 봐 가며 천천히, 그리고 좀 과하다 싶을 정도로 많은 횟수로 씹는다. 아차 급한 마음에 그만 간장 찍는 것마저 잊고 입에 넣었지만 그래도 맛있다. 스시는 밥 위에 생선살이 놓인 것으로 보이지만, 실은 생선살 밑에 밥이 깔린 것이다. 그래서 초밥을 먹을 땐 젓가락 대신 손가락에 초밥을 들고 밥에 간장을 찍지 않고 생선살에 찍어 먹는 것이다. 한 마디로 간장 맛으로 먹지 말라는 말이다!

다 먹고 녹차 한 모금 들이키고 처음에 썰어준 생강 절임(가리) 한 조각으로 입안의 광어 맛을 깨끗이 지워낸다. 이제 다른 맛을 음미할 준비가 끝났음을 알리자 앞의 칼잡이는 다음 공격을 가해온다.

"물오징어(ヤリイカ) 입니다"

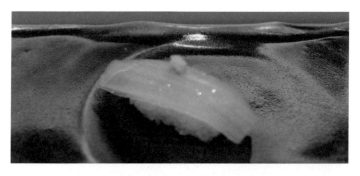

오징어로 유명한 하코다테(函館)는 갈 때마다 하코다테 가기 직전의 오오누마 근처의 어촌에 들러 오징어회 한 접시를 맛보곤 하는데 이 놈이 참 별미입니다. 이 비교를 하자면 예전에 큐슈(九州)의 요부코(呼子)에서 맛

본 그 오징어 맛입니다. 오징어란 놈들이 워낙 회유성이라 먼 거리를 이동하는 탓에 아마 사가현(佐賀縣)요부코에서 잡히는 놈이나 하코다테 앞바다에서 잡히는 놈이나 같은 놈이다 싶지만 물이 찬 북쪽 바다에서 잡힌 놈들이 더 육질이 단단하여 쫄깃한 맛을 갖는 것 같습니다.

살아서는 몸체가 투명하여 속 내장이 다 보이다가 회를 친 후 10여분정도면 흰 색으로 변합니다. 식감은 투명할 때는 똑똑 끊어지며 내는 감칠맛이 일품이나 10여분이 지난 후 흰색으로 바뀌면 질긴 맛의 일반적인 오징어 맛이 되는 좀 묘한 놈입니다. 제가 오징어 먹는 폼 새를 보더니 칼잡이가 뭔가 하나를 내어줍니다. 좀 생뚱맞다 싶지만 샐러드였습니다.

좀 덜 싱싱한 야채라도 섭씨 50도씨의 물에 잠시 담가 두었다 헹궈내면 처음 수확했을 때같이 탱탱해지고 씹는 맛이 각별해지는 것을 아는 선무당이지만 내놓은 야채는 마치 정말 조금전에 밭에서 내온 것은 싱싱함이 느껴진다.

"왜냐구?"

"야채가 가지고 있는 땅맛이랄까, 흙냄새가 진하게 느껴졌기 때문이었습니다. 북해도는 동경보다 두 배 이상 높은 자외선지수를 가지고 있어 짧은 여름날이지만 식물의 성장 속도가 무척 빠릅니다. 그래서 그런지 싱싱하면 할수록 약간의 흙냄새가 납니다. 북해도의 이런 야채를 드신다면 좋은 음식을 드시는 게 틀림없습니다. 다만 이 강렬한 자외선이 인간에게는 그다지 좋지 않아 백내장이나 녹내장 발생률이 높다고 합니다. 북해도 오실 땐 겨울이던, 여름이던, 물론 봄이던, 가을이던, 비가 오던 눈이 오던 선글라스 잊으시면 안됩니다~

홋키카이(ホッキ貝)

일반적으로 찬 바다에 서식하며 정식 명칭으로는 우바가이(ウバガイ)라고 합니다. 일본 동북 지방과 북해도, 사할린 그리고 우리나라 이북의 동해안 쪽에서 나며 일반적인 조개가 그렇지만 육질이 단단하고 단 맛이 나는 게 특징입니다.

단단한 육질 때문인지 단 맛을 더욱 살리기 위해서인지 고급 식당에 가보면 대부분 열을 가해서 살짝 익혀 내오는데 실상 먹어봐도 살짝 가열한 쪽이 맛이 더 좋습니다. "입안 가득 밀려오는 오타루 앞바다의 향취가 느껴집니다"

먹어 본 감상에 이런 류의 글들이 많이 보이기는 하는데 필자가 보기에는 거기까지는 아닌 것 같고 위도가 높은 북쪽 지방에서 맛볼 수 있는 별미로는 부족함이 없지 않나 싶습니다.

지나치지 않고 너무 살짝 열기만 스친 게 아닌 겉 표면 전반에 걸쳐 골고루 살짝 열을 가한 세심함이 일품의 맛을 끌어내는 듯 합니다. 음식의 맛을 느끼는 것이 지방이라 하는데 해산물의 지방은 가볍고 부드럽기에 가열을 하게 되면 그 맛이 배가되기에 동서양을 막론하고 생선은 살짝 열을 가하는 것을 선호하는가 봅니다.

칼잡이는 안보는 것 같은 무표정속에서도 내 앞의 가리가 다 없어지기가 무섭게 그럴 줄 알았다는 듯이 마치 미리 준비해 두었던 용돈 손주에게 안겨주듯이 득달같이 가리를 얹어준다.

거 보기보다 눈치가 빠르네~ 내심 행동거지가 조심스러워진다.

방어 ぶり

 간장에 절인 방어이다 절임이라 해도 오랫동안 절인 것은 아니고 하루나 이틀 정도 가볍게 절여 놓은 듯, 방어의 단단한 육질의 씹는 맛이 20-30% 경감된 듯한 맛.지나치지 않은 간장향과 살짝 신 맛이 은은하게 입 안과 코 끝에 퍼진다.

방어의 신선한 맛과 향이 그대로 전해지며 목을 타고 올라오는 뒷맛이 더욱 진해지는 것이 재미있다(bouquet). 오사카에서는 방어는 좀 비싼 편이어서 방어의 새끼인 하마치(はまち)를 자주 맛보았는데 역시 제 맛은 방어(ぶり)가 더 진하다 싶습니다. 양이 아닌 질로 가는 진검승부에서는 역시 방어 승(勝)!

털게 毛蟹軍艦

부드러운 털게살 위로 얹은 먹장이 발군의 맛을 전해줍니다. 이건 좀 과
장을 보태서 바닷가에 앉아 시원한 바닷 내음을 맡는 기분. 미국 폐리 제
독이 검은 배(철선)을 타고 온 이후 검은 철선은 일본사회를 뒤흔들었던
그 놀라움은 실로 대단했던 모양입니다. 스시에도 김을 둘러싸고 이름을
군함말이(軍艦まき)라 이름 지은 것을 보면 말입니다.

토로(卜口)

참치의 뱃살을 토로라 하고 가장 지방이 많이 분포된 부분을 오오토로(大

卜ㅁ), 그 보다 좀 덜 분포된 부분을 츄토로(中卜ㅁ)라고 한다. 레몬즙을 한 방울 떨어뜨리고 한 입에 털어 넣으니 풍부한 기름기가 마치 혓바닥으로 스며드는 듯하다. 역시 츄토로. 변함없는 맛입니다.

일본인들이 가장 선호하는 생선인 만큼 맛은 거의 평준화가 되어져 있습니다. 여담이지만 참치는 그 유통량이 가장 많은 동경의 쓰키치 시장에서 맛보는 것이 최고인 듯합니다. 분위기도 최고 또 가격도 최고로 저렴한 듯, 아시다시피 우리는 "활어"를 선호하여 그 자리에서 회를 쳐서 바로 먹는 식감을 중시하고 일본은 일단 포를 떠서 반나절 정도 숙성시켜 먹는 "선어"가 발전해 있습니다.

처음엔 일본도 활어로 먹었으나 에도 중기 무렵부터 발달한 스시의 영향으로 선어를 많이 먹게 되었다고 합니다. 예전엔 생선은 스트레스를 받지 않아 죽을 때 생기는 독성물질이 없다고 여겨졌으나 근래에 들어서는 생선도 죽을 때 받는 스트레스로 체내에서 독성물질을 분비한다고 합니다. 하지만 이 독성물질도 어느 정도의 시간이 지나면 아미노산으로 바뀌어 감칠맛을 낸다고 하니 생선을 오랫동안 많이 먹어온 사람들이 자연스레 알게 된 물고기 먹는 법이 아닌가 싶네요.

그래서 그런지 TV에 나오는 일본어부들이 물고기 잡을 때 보면 항상 머리를 때려 기절 시키거나 침을 놔서 기절 시킨 뒤에 잡는 것을 볼 수 있습니다.

우니(うに)

이리저리 메모를 하고 맛을 감상한답시고 시간을 끄니 칼잡이가 은근슬쩍 눈치를 봅니다. 아하 '뭔가 중요한 게 나오는가 보다' 하고 감을 잡았습니다.

녹차 한 모금 마시고 조신하게 기다리니 씨익 웃으며 성게 알 즉 우니를 내놓습니다.

"간이 돼 있으니 간장치지 마시고 그냥 드세요"라고 한다.

"예~ "대답하고 낼름 마시듯이 입에 넣습니다.

아 입안에서 퍼지는 향은 마치 어느 가을날 샤코탄 반도의 카무이 미사키 등대 앞에 서 있는 기분

이상하게 좋은 성게알을 먹으면 늘 그곳의 바닷가경치가 떠오른다.

어쩌면 내가 가장 마음 편안하게 느끼는 이상향 같은 곳이 그런 곳인지도 모르겠습니다.

코발트색의 바닷물

그곳에 부는 바람 같은 자연 그대로의 시원한 맛

오랫동안 이어지는 여운이 그리 싫지만은 않다.

우리가 성게 알이라 부르는 이것은 사실 성게의 난소입니다. 북해도는 지역도 넓고 조업금지가 해금되는 시기도 조금씩 다릅니다만 대체로 6-8월경이 제철이라고 합니다. 이렇게 스시로 먹는 것도 좋지만 우니동(성게알 덮밥)으로 푸짐하게 먹는 호사도 한 번쯤 즐겨볼 만합니다.

연어알(イクラ)

차가운 밥 위의 알. 연어는 북해도를 대표하는 상징 같은 물고기입니다. 가을철 바다로 나갔던 연어들이 종족 보존을 위해 자기가 태어난 고향으로 돌아오는 회귀와 동면에 들기 전 엄동의 대지에서 살아남기 위해 영양 보충으로 강가에 몰려든 불곰들은 영화나 다큐멘터리를 통해 많이 접했던 대목이 아닌가 싶다. 그렇다고 그 맛까지 이런 대서사시 같은 웅장한 스케일은 아닌 것 같다.

내 고향 영등포구 신길동, 신길국민학교를 다녔던 시절 하교길에 친구들과 놀다 집에 들어가면 할머니가 차려준 찬밥에 가족 몰래 감추어 두었던 새우젓과 명란젓을 꺼내 주셔서 맛있게 한 그릇 뚝딱 해치웠던 그 어느 여름날이 떠오른다. 조금은 소박하고 담백한 맛이다.

근세에 들기까지 일본인들은 알을 즐겨먹지 않았던 모양이다. 영토 문제로 러시아와 소소한 다툼과 분쟁이 있던 시절 생선 껍데기와 알을 잘 먹지 않았던 일본인들이 버려 둔 연어알을 러시아인 포로들이 먹으며 "이쿠라"라 부르는 말을 듣고 연어알을 뜻하는 일본어가 되어 버렸다지만. 러시아말로 공이나 달걀이나 다른 새 알들이나 생선알이나 그냥 동그란 거는 다 이쿠라라고 한다.

된장국(味僧汁)

스시집의 된장국은 일반적인 노란 된장국이 아닌 붉은색의 진한 된장국으로 보통 아까다시(赤だし)라 하는 것이다. 가리(생강절임)가 앞의 맛을

지운다 하면 아카다시는 모든 맛을 덮는 포용력이 있다. 그만큼 진하다는 것이다. 어쩌면 일본인들은 이 진한 된장국을 통해 "개운하다"고 느낄지도 모르겠다.

우리네가 뜨거운 걸 먹어야 "시원하다"라는 말이 나오는 것처럼 한 모금 한 모금이 마치 겨울날 대지로 소복소복 쌓이는 눈과 같이 앞의 맛을 덮어 나간다.

텟큐 (군함말이)

참치와 오이가 든 김밥

느끼하지 않고 그저 늘 대하던 고교동창을
집근처에서 만나 "잘 지내지?"하며
가벼운 인사 나누는 듯한 맛이다.
특별하지는 않지만 허튼 맛도 아니다.
오이의 시원한 맛이 반갑다

이번에도 시간을 끌다 보니 칼잡이 아저씨가 먼저 끝내고 와사비 갈며 나를 쳐다본다.

"자 준비됐습니다"라는 눈 빛을 보내니 바로 내어줍니다.

아나고(穴子)

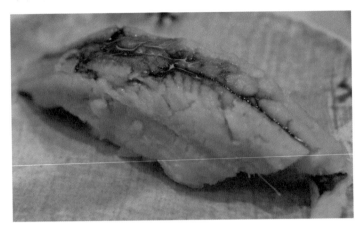

밥도 아나고도 따뜻하다.

아나고의 맛과 그 위에 살짝 뿌린 유자즙이 풍기는 향기가 입안에 가득

찬다. 잘 어우러지는 맛이다. 따뜻하니 다른 이질감이 전혀 없다.

색다른 맛이 없는 것 같으면서도 유자향이 제법 큰 목소리를 낸다.

"난 달라"

계란말이

소금으로 간을 맞추는 오사카식이 아닌 설탕이

들어간 달달한 맛이다.

내가 맛본 최고의 계란말이는 오사카 사카이의 킨샤

리야 게코테이에서다. 대구에 사는 유홍직 집사님과 함께 일본 최고의 밥

짓기 명장으로부터 밥짓기 공부를 했었다.

연수기간 동안 맛본 맛있는 밥 그리고 반찬은 기교보다는 정성과 우직함이었기 때문에 그저 아무 말 없이 따라할 수밖에 없었습니다.

명장의 비결은 "어머니의 맛"

소금을 물에 녹여 간을 한 우리 입맛에 딱 맞는 최고의 맛.

일본 최고의 밥짓기 명장에게서 사사한 솜씨로 유 집사님은 지금 대구에서 식당을 운영하시다가 지금은 잠시 쉬고 계신다는 이야기를 들었습니다. 고향의 맛, 어머니의 맛을 어떤 분들이 즐기는지 궁금하고 궁금합니다. 밥 맛을 보기 원하시는 분들을 위해 소개를 합니다.

언젠가 맛있는 밥을 먹게 해주실 유홍직 집사님 파이팅입니다 !!

언제나 주님께서 함께 하실겁니다.

어느 봄날 벚꽃 만발한 오사카 성에서 맛보았던 주먹밥, 다시 맛보게 해 주세요.

모나카 아이스크림과 호지차

오늘 호사를 하였습니다. 입이 즐겁고 마음마저 편안하니 세상 부러울 것이 없습니다. 앞의 칼잡이 아저씨가 정말로 벤츠를 타고 출근했다 해도 퇴근 후에 50평짜리 맨션으로 돌아간다 해도 지금 이 순간만큼은 아무것도 부럽지 않습니다. 뭔지 모를 힘을 얻어가는 기분입니다. 예전에 어느 고급 레스토랑에서 덩치가 제 두배는 될 만한 흑인 아저씨가 그 가족들인 듯한 아주머니와 어린 아들 딸들과 식사를 하며 연신 "아임 해피!" "해피!"하던 모습이 떠올랐습니다. 사랑하는 이들과 함께 맛있는 음식을 먹으면 그것으로 충분히 행복한 것을 몸으로 느꼈습니다.

전 오늘 비록 혼자 와서 먹는 반푼짜리 행복에 그쳤지만 매우 즐겁고 유익한 시간이었습니다.

깨끗이 먹은 자리위로 다시금 처음 왔을 때처럼 찻잔을 채우고 물수건을 놔줍니다.

그리고 조용히 한 장의 종이를 놓고 갑니다.

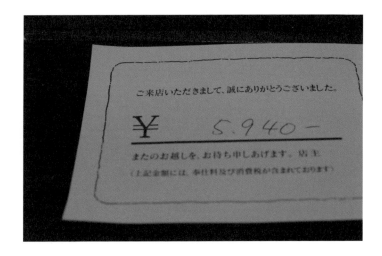

ご来店いただきまして、誠にありがとうございました。

¥ 5.940 -

またのお越しを、お待ち申しあげます。　店主
(上記金額には、奉仕料及び消費税が含まれております)

그리고 칼잡이가 조용히 웃습니다.

"만족하셨습니까?"

"감사합니다 이토우상 맛나를 먹고 힘을 얻었으니 지금보다 더 열심히
살겠습니다. 그리고 다음번엔 가족들도 데리고 오겠습니다. 정말이지 잘
먹고 갑니다. 감사합니다"
눈빛으로 나누는 대화이지만 느낌은 확실하다.
거래처 사장님 모시고 가도 좋지만 그 보다는 편하게 맛을 음미할 수 있
는 가족, 특히나 아버지, 어머니를 모시고 가면 좋겠습니다.

일상(日常)

아침마다 틀어 놓는 아버지의 대중가요

아침마다 치치 소리를 내는 풍년 압력밥솥 소리

천년 만년 이어질 것 같은 풍경, 그저 흔하고 흔한 우리네 사는 모습일신

데 이게 우리가 생각처럼 천년 만년 이어지지 않는다.

이런 분들에게 꼭 한 번 대접하고 싶은 밥집이다.

스시 젠 본점

札幌市中央區北1町西２７－２－１０

Tel: 011-612-0068

영업시간: 11:00-15:00, 17:00-22:00 휴일 : 월요일

가는 길 : 지하철 도자이센(東西線)마루야마 공원역(円山公園驛) 1번 출구 도보3분

www.sushizen.co.jp/tenpo/honten.php

쿠니마레

북해도를 대표하는 술로 제일 먼저 꼽히는 것이 단연 맥주.

보리향 가득한 시원한 맥주는 누가 뭐라해도 북해도 여름의 상징적인 존재이다. 하지만 이 글을 쓰고 있는 지금(10월초순)같이 아침 저녁으로 쌀쌀한 바람이 불 때는 조금 다르다. 따뜻한 온천물에 몸 담그고 나와 뜨거울 정도로 잘 데워진 청주에 어묵이 간절하다. 제가 자리잡은 오타루의 오쿠사와라는 동네는 사실 기타노 호마레(北の譽れ)라는 명주로 유명한 양조장이 있는 곳입니다.

삿포로 살면서도 간간이 오타루 구경오면 일년이면 서너 번씩 들러 청주 맛도 보고 양조장 옆를 흐르는 가쓰나이가와(勝納川)의 강가 산책로를 조용히 걷는 즐거움을 맛보는 곳이어서 민박손님들도 홀가분하게 도보 5분이면 오갈 수 있으니 나중에 오타루에 민박집을 열면 꼭 이곳에서 시작하자고 마음먹었을 정도로 마음에 드는 곳이었습니다. 그러다 기회가 닿아 이곳에 물건 알아보고 인허가 절차 밟고 오픈을 하니 양조장이 그만 다른 곳으로 이전을 하고 말아버립니다. 지금도 건물은 있지만 아이스크림 회사의 물류창고가 되어 버려 지금은 우리집 강아지와 산책하다 잠깐 쉬는 곳이 됐습니다.

도가에서 갓 만들어지거나 병입된 술을 마신다는 것은 그리 쉬운 일이 아니라서 민박손님들에게 이런 기회를 즐길수 있게 해드리면 좋겠다 싶어 일부러 자리잡았지만 때가 맞지않으니 어쩔 수 없지요.
하지만 북해도에는 이 밖에도 맛난 청주는 아직도 즐비합니다. 아사히카와를 대표하는 오토코야마(男山)

일본 최북단의 양조장 쿠니마레

마시케(增毛)는 아이누말로 "마슈케"(갈매기가 많은 곳이란 뜻의지명이다) 앞 바다에 새우와 문어의 지천이니 갈매기들의 먹이가 많다 보니 자연스레 갈매기들의 개체수가 상당히 많았던 모양입니다. 뒤쪽 쇼칸베츠(暑寒別)산맥에서 쌓인 눈이 녹아 땅속에 스며들어 몇 년이고 지하에서 복류수로 흐르고 흐르다 지표로 흘러나오는 곳이 바로 마시케. 최북단 양조장이란 이미지로 유명한 쿠니마레(國稀)를 대표하는 술로는 도쿠베츠 쥰마이(特別純米)를 필두로 맛있는 술이 가득하지만 제 개인적으로는 이야기가 있는 술이 어떨까 합니다.

오니고로시(鬼殺し)

술이름에서부터 예사롭지 않다는 걸 직감할 수 있습니다. 도깨비 죽이기 술 이름이라기 보다 왠지 영화제목이나 소설 제목에 어울릴 듯한 네이밍입니다. 원래 오니고로시라는 술이름의 처음 시작은 니이가타의 사도섬 호쿠세츠(北雪)주조라는 설이 있습니다. 미국으로 수출되어진 술에 붙은 이름이 오니고로시.

그렇게 청주를 맛본 미국인들에게도 술 맛이 나쁘지 않았던 모양이다. 미국인들에게 오니고로시는 마치 한국인의 정종이 되어 버렸다. 정종은 센다이의 영주였던 마사무네(正宗)가 풍신수길의 가신으로 살아오던 그가 덕천가강의 세상에서 살아남기 위해 자신의 성을 일부러 부수고 많은 양의 소출이 있던 쌀을 군량미로 전용하지않는다는 것을 보여주기 위해 술을 만들었다. 그 때문에 일본에서는 정종(正宗)은 술 만드는 사람의 대명사가 되어 버리지요.

오니는 도깨비라는 뜻도 있지만 사람의 힘을 넘는 존재 또는 험한 일을 하는 사람들을 뜻하기도 합니다. 혼자 오르기도 힘든 산을 짐을 잔뜩 짊어지고 가뿐히 오르는 산꾼 같은 사람도 일반인이 보기에는 도깨비 같은 존재일겁니다. 이런 산꾼이 도둑이 되거나 강도가 되어 버리면 보통사람들은 어찌 해볼 도리가 없이 속수무책일겁니다. 그럴 때 이런 엄청난 사람들을 잡는 무기가 바로 이 오니고로시 술입니다. 산적이 출몰하는 지역에 일부러 술동이를 잘 옮겨 놓고는 조심스레 땅에 숨겨두고 나중에 찾을 것처럼 거짓으로 표시를 해두기까지 하고 산을 내려가면 이 오니 같은 형님들이 살금살금 다가와 술독을 꺼내 놓고 한 잔 두 잔 마시다 급기야 술에 취해 나가떨어지면 그 때 다 잡아들인다는 술이 바로 오니고로시입니다.

조금은 드라이한 맛이 강한 진한 맛의 청주이지요.

저는 술은 좋아하지만 많이는 못 마시는 체질인지라 더더욱 이런 류의 술이 좋습니다. 고급술이 아닌만큼 레이슈(냉주)로 차갑게 마실 필요도 없어서 이런 찬바람부는 계절이나 눈이 펑펑 내리는 계절에 살짝 데워 마시는 술로 딱 좋은 친구입니다. 이번에 북해도에 오시면 편의점 맥주만 음

미하시지 마시고 조금 번거럽더라도 코프나 트라이얼같은 슈퍼마켓에도
발길 옮기셔서 쿠니마레 (國稀) 양조장의 오니고로시(鬼殺し) 어떨까요?

청주 하면 떠오르는 분

우리 북해도 친구 카페의 유일한 우수멤버
이창기 선생님 !
역사를 전공하신 까닭에 많은 비화를 줄줄이 꿰고 있는 멋쟁이
듬직한 체구에 섬세한 마음씀씀이가 더욱 매력적인 분인데
아직 독신 !
아차 그리고 이 분은 술 이미지보다는 청주에 사시는 분입니다.

소우야 미사키(宗谷岬)

왓카나이는 일본 최북단 도시다

인구 43,000여명. 동서 길이가 38,2km, 남북 길이가 39,2km에 불과한 작은 도시입니다. 연평균 기온이 5~10월은 약 17도, 11~4월은 약 1,3도입니다. 무지막지하게 북극만큼 추울 것 같은 이미지와는 달리 우리나라 겨울 날씨와 비슷한 느낌입니다. 최북단 도시라는 유명세와는 달리 삿포로에서 열차 타고 8시간 걸려 도착한 도시에 큰 볼거리가 없음에 의아스럽기도 합니다.

관광 안내 책자에 많이 등장하는 노샤프 미사키(ノシャプ岬)

일본 최대급의 개썰매 대회

왓카나이 방파제 돔

70km 떨어진 곳에 위치해 약 한 시간 정도 걸리는 소우야 미사키

방파제 돔이나 왓카나이 공원들은 역에서 가깝다 보니 택시를 타거나 시간 여유가 있는 분들은 걸어서라도 가볼 수 있지만 소우야 미사키는 거리와 시간이 제법 걸리는 곳이다 보니 쉽게 가기가 어렵습니다. 하지만 소우야 미사키야말로 일본의 최북단 땅이고 또 가슴 아프지만 우리에게는 잊지 말아야 할 역사의 현장이기도 합니다.

1983년 9월1일 뉴욕발 앵커리지 경유 서울행 대한항공 007편 보잉747기가 어떤 이유에서 인지 정해진 항로를 크게 벗어나 소련영공을 침범하여 항행하였고 인근 공군기지에서 출격한 수호이 전투기에서 발사된 미사일 한 발을 항공기 후미에 맞고 9분간의 활공을 하다가 사할린의 모네론섬 근처에서 추락하였습니다. 1983년9월1일 오전 3시26분경 벌어진 일이었습니다. 이로 인해 승객 240명과 승무원29명 총원 269명 전원이 사랑하는 모든 것을 뒤로 한 채 불귀의 객이 되고 말았습니다. 이제는 벌써 풍화되어 북해도 오셔서 왓카나이 가시는 분들에게 시간되면 한 번 가보시라 말씀드려도 모두들 모르는 지경이 됐습니다.

당시 저는 고교생이었고 충격적인 사건이어서 어느정도 기억에 남아 있습니다. 역사에 가정은 없다고 하지만 만약에 그 때 날던 비행기가 미국이나 다른 선진국의 여객기였다면 어떤 결과가 만들어졌을까? 하는 생각을 해보았었던 기억이 납니다.

십 수년 전 우연한 기회에 혼자 렌터카를 빌려 여행하던 중 9월1일에 도

착한 소우야 미사키는 적잖은 충격이었습니다. 혼자 이리저리 둘러보다 아 오늘이 바로 그 날이구나.

누군가 유족이라도 올까 싶어 오후 늦게까지 기다려보았지만 오후에 시작된 왓카나이 시청 주재의 추모회에는 일본인들 밖에 안보였습니다. 다들 아침 일찍 왔다 가셨을지도 모른다 싶었습니다.

내년에는 전날 와서 기다리다 아침 일찍 와서 인사라도 드려야 겠다고 마음먹었습니다. 다음 해에도 아침 일찍 가보았지만 한국인들은 안보였습니다. 하지만 유족들이 이제는 연세도 있으시고 또 미국이나 다른 외국에 사신다면 오시기는 정말 쉽지 않을 것이란 생각이 들었습니다. 그래 그렇다면 내가 북해도에 사는 동안 만큼이라도 와 보자고 마음 먹고 이제는 매년 가게 되는 곳이 되었습니다.

와서 특별히 하는 일은 없습니다. 가진 특별한 재주도 없어 그저 성경책 한 구절 읽고 조용히 한 두 곡 불러드리고 기도 좀 하다가 풀밭에 누워 일광욕 겸 낮잠 자다 오후에 왓카나이시 주재 행사전에 돌아오는 정도입니다. 처음엔 내가 왜 이 짓을 사서하나 싶기도 했는데 이제는 이 날을 핑계삼아 바이크 타고 여행 다니는 기분으로 찾습니다. 북해도에서 혼자 조용히 기도하는 곳 중 마음에 드는 한 곳입니다.

조용히 생각할 시간이 필요하거나 혼자만의 자유를 느끼고 싶으신 분들에게 추천하는 곳입니다. 이곳은 늘 시원한 바람 불어 당신의 고민을 세상 끝까지 날려주는 곳일지도 모릅니다.

감사와 감동

여행을 업으로 삼다 보니 여기저기 좋다는 곳도 가보고, 맛나는 음식도 맛보고 또 훌륭한 숙소에서 잠자보는 호사도 누려보았습니다. 하지만 이보다 더 좋았던 것은 많은 분들을 만나며 그 분들이 들려준 진솔한 삶. 인생을 들을 수 있었던 것이었습니다. 일제시대에 학교를 다니고 징용과 징병을 겪은 할아버지 세대. 이분들은 여행이란 걸 해본적이 없었던 분들 인지라 대부분 양복에 정장구두 신고 관광 다니셨었다. 어디를 가던 좋다라는 말씀들만 연발하시던 얼굴들이 떠오른다.

625를 겪은 아버지세대.

일본은 술값이 비싸다며 소주를 마치 상비약처럼 늘 품고 다니며 버스안에서 한 잔 두 잔 마시고 흥에 겨워 노래를 부르던 분들 그 때 두만강은 지금도 잘 있겠지…

4.19혁명과 5.16군사혁명, 베트남 전쟁을 겪은 삼촌세대.

한 때 소니 카세트와 코끼리표 밥통과 양주, 양담배를 가득 담고 친지들
에게 선물할 생각에 입가에 미소를 머금으며 김포공항을 나서던 분들. 아
마 대부분의 많은 분들이 기억하는 여행의 추억은 이쯤에서 시작되시리
라 생각합니다. 여권을 만들기위해 신원보증서류 등을 외무부 여권과에
제출하고 장충단 공원의 자유연맹에서 실시하는 소양교육을 받고 손에
쥔 이수증을 금지옥엽처럼 들고 외무부여권과에 가서 여권을 만들던 그
때를 기억하시는 분들이라면 그 무렵의 김포공항을 기억하실 것입니다.

그 무렵 어설프게 시작된 여행인생이 어느덧 30여년이 되다 보니 여행이
도대체 무엇인지 궁금해졌습니다. 학교에서 배운 바 대로 집을 나서서
언젠가 다시 집으로 돌아오는 여정이라 쉬이 정의를 내릴 수도 그 옛날
사냥하던 사람들처럼 사냥감을 찾아 떠나는 것처럼, 성현의 발자취를 따
르며 자신 또한 깨달음을 얻기 위한 성지순례처럼, 무언가를 찾으러 떠나
는 길이라면 어렵게 만든 시간에 비싼 돈 내고 나선 길인만치 뭐라도 건
져가야 할 것이다 싶더군요.

처음엔 그것이 귀한(?) 밥통이나 카세트 플레이어 또는 양주나 양담배였
었을 겁니다. 그리고 요 근래엔 우리나라에서 보기 쉽지 않은 풍광을 담
는 사진여행이 유행하기도 합니다. 드물게 개썰매나 유빙 체험, 스쿠버
다이빙, 바이크 투어를 통한 체험여행을 즐기기도 하지요.

지구상의 몇몇민이 가볼 수 있는 달여행이나 우주여행같이 남보다 한 발 앞서 보는 세상과 그 누구와는 차원이 다른 체험을 통해 자랑거리를 만들어 일생의 추억으로 삼으며 살수도 있겠다 싶습니다만 이런 여행은 그야말로 어마어마한 돈과 까다로운 조건이 태산일겁니다. 누구라도 그렇듯이 초보 땐 다 낯설고 앞차만 따라가기에도 진땀을 흘릴 정도로 힘들지만 지나고 나면 어지간한 일에도 그저 그러려니 하고 한 손들어 흔들고 웃고 마는 자동차운전처럼, 여행도 초보때와 어느 정도의 횟수를 거듭하게 되면서 보이는 것과 보고자 하는 것이 달라지게 되듯이 말입니다.
각양각색의 취향들과 셀 수 없을 정도로 많은 여행패턴과 일정에서 이것만큼은 꼭 찾으셨으면 좋겠다 싶은 것을 이야기해보려 합니다.

"중요한 것"과 "만남"에 대한 이야기입니다.

인생 50 넘게 살다 보니 신체기능은 20대의 반이나 될까 싶을 정도로 떨어지고 민박집에 예약한 손님이 오는 날자마저 착각하고 하루에도 몇 번씩이나 깜빡깜빡하는 일들이 왜 이리도 많이 생기는지 도무지 갑갑하기가 말로 형용하기가 어려울 지경입니다. 그런데 재미있는 것이 많은 부분이 약해지고 자주 실수를 하면서도 몇몇은 확실해지고 명확해집니다.

첫째 가장 중요한 일이 무엇인지 알게 됩니다.
세상 살다 보면 대부분의 사람들이 그렇듯이 "급한 일"때문에 계획을 변

경하고 예기치 않은 일에 시간을 빼앗기며 살아갑니다.

그러다 어느때 문득 정신차리고 둘러보니 40이 됐네 50이 됐네 60이 됐네 하는 분들을 많이 보아왔습니다. "학교" "일" "직장" 다 인생 살아가는 과정에서 아주 중요한 덕목입니다. 하지만 이 모든 것들이 무엇 때문에 필요하고 왜 중요한지를 생각하다 보면 멈춰서는 부분이 "가족"과 "행복"이라는 부분일겁니다. 모두가 열심히 공부하고 죽어라 일하는 이유가 행복한 삶과 가족을 위해서라면 누가 뭐라 하겠습니까.

하지만 살다 보면 이 중요한 것들을 위해 잠시 급한 일들에 매달리고 차츰 급한 일 위주로 살아가게 되면서 칭찬받고 익숙해지다 어느덧 그 속에서 살아가게 됩니다. 그러다 어느때에 정신이 퍼뜩 드는 겁니다. 죽어라 아등바등 살다가 변변한 밥 한 번 사줘 본 적 없고,
옷 한 번 사줘 본 적없고 그저 늘 그렇듯이 늘 옆에 있을 것 같던 마누라 장례식장에서, 그게 어느 하얀 페인트 칠해진 병실에서 똑똑 떨어지는 링거 방울 떨어지는 소리에 퍼뜩 정신이 들어 주변을 둘러보니 말기암 치료하는 중이라면 너무도 슬플 것입니다.

어느 시점에서든 정신은 드는데 그 시간이 제발 너무 늦지 않아야 합니다. 톨스토이는 세상에서 가장 소중한 사람은 지금 바로 옆에 있는 사람이라 했습니다. 매일 나와 같이 밥 먹고 같이 자고 같이 티브이 보는 바로 그 사람들과 함께 하는 시간이 얼마나 소중한지를 아는데 걸리는 시간

이 짧으면 짧을수록 성공한 사람이란 생각이 듭니다.

그 특별한 존재들과 보내는 특별한 시간은 많다고 질리는 것은 아닐 것입니다. 그 시간들이 많으면 많을수록 창조주가 세상에 사람을 내시고 받으시는 기쁨의 보상이 되실 겁니다.

둘째로 사람을 볼 줄 알게 됩니다.

좋으면서도 서글퍼지는 부분이 이것 일 겁니다. 젊어서는 몸매 좋고 예쁜 여자를 보면 한 번 더 보고 말이라도 붙여보고 싶었습니다. 물론 그런 여자들도 만나볼 기회도 있었습니다. 근데 지나고 보니 그게 다였습니다. 사람은 얼굴 예쁜 것도 아니고 키가 큰 것도 아니라 어른들 말씀대로 사람 됨됨이가 중요하다는 것을 알게 되는 나이가 50인가봅니다.

예쁜 얼굴에 앙증맞은 주둥이로 뻔한 거짓말하는 것들(?)을 보다 보면 그와 같이 할 어떤 불쌍한 누군가가 안쓰러워지게 됩니다.

젊어서는 누군가 멋진 사람에게 눈이 갔었습니다. 마음이 끌리는 이성이던 또는 친구던 간에 뭔가 다른 매력을 갖고 있는 사람에 관심이 갑니다. 그러다 세월이 흐르다 보면 다 비슷비슷한 거 같고 오히려 그 동안 너무나 익숙하게 지냈던 자기자신에 대해 아는 게 별로 없었다 싶어 집니다.

누구에게 이야기 하기에도 멋적고 이상하게 보일 수도 있겠다 싶어 혼자 조용히 있을 만한 곳을 찾다 보면 교회에 출석하거나 성당이나 절, 그도 아니면 어느새 일년에 두 세번 등산을 가든, 낚시를 가든, 캠핑을 가는 여행길에 오르고 있는 자신을 보게 됩니다.

아무튼 이 나이가 되어서야 알게 되는 것이 "중요한 것"이다 싶고 알고 싶어지는 것이 자기자신이 되어 버립니다. 그러다 보니 자연스레 그동안 아등바등 살아온 제 본업인 여행업에서는 도대체 무엇이 중요한 것인지 알고 싶어졌습니다.

사람은 누구나 행복해지고 싶은 욕구를 가지고 태어나 저마다 주어진 환경속에서 살아간다 합니다. 누구는 금수저로 태어나서 별 다른 노력 없이도 잘 살다 가기도 하지만 대부분은 열심히 공부하고 또 취직하고 결혼하고 애 낳고 살면서 어떤 날 삼겹살에 소주 한잔으로 기분을 내기도 하면서 살아가는 거지요.

아마도 세상 많은 사람들이 이렇게 살아갈 것입니다. 저 역시 그렇게 살아왔고 또 앞으로도 그렇게 살아갈 것입니다. 그런데 말입니다. 제가 와서 살고있는 일본에서 만난 많은 사람들을 보면서 느낀 게 우리와는 조금 다른 시간을 보내는 것이 보였습니다. 밥 먹고 일하고 노래방 가서 하루 스트레스 풀기도 하는 모든 일상은 별 다를 게 없는 일상, 우리네 일상과 다를 바 없었습니다. 그런데 이들과 부대끼다 보니 보이는 것이 바로 "잠"이었습니다. 이거라고 정의를 내리기는 어려워도 어렴풋이 잡히는 감으로 우리보다는 "깊은 잠"을 자는 것 같았습니다.

잠자는 게 뭐가 대수인가 할 수도 있습니다. 하긴 저도 그랬었습니다. 작년에 저는 제 멋진 BMW 오토바이를 타고 우리나라를 여행했었습니다. 우리나라를 잘 모르는 일본인 라이더들에게 우리나라의 멋진 곳들과 맛난 음식들을 소개해주고 싶었습니다. 간단하게 제 여행기를 책으로 펴내 일본인 라이더들에게 아름다운 대한민국을 보여주고 싶었습니다. 약한달 가량 돌아다니다 그만 포기하고 말았습니다. 제 오토바이의 일본 자동차 넘버만 보면 죽일듯이 덤벼드는 자동차들, 그나마 한국인으로 어느정도 우리나라 교통사정을 아는 제가 죽음의 공포를 몇 번이고 느낄 정도였다면 달리 설명을 안 드려도 아실 겁니다. 제가 겪었던 환경이나 아찔했던 상황을 처음 여행 온 일본인 라이더가 과연 대처할 수 있을까 생각해보니 몇 번을 곰곰이 생각해봐도 무리다 싶었습니다.

아마 수십명은 죽거나 다칠 것이 뻔해 보였습니다.

거기다 어디를 가도 밤새 어디선가 들리는 소음이 너무도 신경이 쓰였습니다. 제가 경영하는 작고 초라한 민박집에서도 밤이면 풀벌레 잠꼬대소리가 들릴 정도로 조용합니다. 모두들 아침이면 푹 잤습니다 하며 인사말을 건넵니다. 아침 일찍 나가야 한다고 했던 친구들조차 늦잠을 자고 하는 말이 너무 잘 잤다는 말이었습니다. 저는 우리나라 사람들이 잠이 너무 부족한 게 아닌가 하는 생각을 했습니다. 잠이 부족하다 보니 (잠자는 시간은 길지언정 제대로 푹 자는 숙면은 절대적으로 부족한 듯한) 게임에서 상대를 죽여야만 직성이 풀리고 길가다 돈뭉치라도 주워야만 감사하고 아드레날린이 분수처럼 뿜어지는 일이 아니면 감동도 없는 저감각 인간들이 넘쳐나는 게 아닌가 싶었습니다. 하여 일본인 라이더를 위한 책은 다음에 한 번 더 정리를 하고 철저히 준비를 한 뒤에 하기로 하고 돌아왔습니다.

우리가 일하는 시간이나 일본사람들이 일하는 시간이나 그다지 큰 차이는 나지않을 것입니다. 하지만 이 사람들이 만들어내는 새로운 물건들이나 새로운 생각들을 보다 보면
"야 대단하다 어떻게 이런 생각을 했을까?"싶은 물건이나 방식에 놀랄 때가 있습니다. 아마 여러분 중에서도 저와 같은 생각을 하신 분들도 계실 겁니다.

저는 이런 일본의 저력이 바로 깊은 잠에서 나오는 것은 아닐까 생각합니다. 먹고 마시는 섭생 그리고 배설이 중요하다는 것은 누구나 다 알고 있습니다. 하여 철 되면 나오는 식재료로 만드는 음식을 먹고 마십니다 그리고 다음날 아침 화장실에서 잘 소화된 찌꺼기를 배설합니다. 이와 같이 육체의 피로를 푸는 방법으로 이 사람들이 잘 이용하는 것이 바로 목욕이다 싶습니다.
하루 열심히 일하고 저녁에 집에 와서 따뜻한 물에 몸을 담그며 하루를

반성하고 머리 속 찌꺼기를 내던져 버리고 또 내일을 계획하는 동안 원활한 혈행을 통해 몸속의 노폐물을 밀어내고 적절한 피로감이 더해져 그야말로 일석이조의 효과를 보는 것입니다. 정신적 육체적 배설을 동시에 진행하는 목욕을 통해 나른해진 몸으로 깊은 잠을 자는 것은 당연한 일입니다.

하루의 일과가 이렇다면 여행은 더더욱 큰 효과가 있다 싶습니다.

새로운 볼거리 먹거리 잠자리가 주는 기쁨은 일상의 즐거움을 뛰어넘는 큰 기쁨이지요. 제 경우는 이렇게 즐거운 시간을 통해 같이 오지못한 아내나 아이들 그리고 부모님 생각이 나 미안한 기분이 많이 들었습니다. 대부분 사람들이 저와 같지 않을까 생각합니다. 기쁘고 즐거운 시간 속에서 조용히 자신을 돌아보고 반성을 하고 깊은 잠을 자게 되면 이제껏 가보지 못했던 꿈속의 깊은 영역에 도달할 것입니다. 그곳 이데아의 세계에서 조물주가 됐던 조상님이 됐던 지간에 그 누군가를 만나 참신한 아이디어를 얻어온다면 지금껏 살아온 인생에 새로운 계기를 만들 수도 있을 겁니다.

삼국지의 등장인물이 1200명을 넘는다 합니다. 이 많은 등장인물들이 사실은 맨 마지막에 나오는 단 한 명을 위한 들러리라는 것을 알게 되면 어쩌면 허망할 수도 또 어쩌면 그 한 명이 누구이길래 이리 대단한 서막을 울리나 싶어집니다.

삼국지를 읽어 본 사람이라면 아는 바로 그 사람입니다.

우리 국민 중 4명가운데 한명이 기독교 신자라 합니다. 많이는 못 읽어 봤어도 돈 없고 힘들 때마다 들여다보아 이제는 두어 번은 읽은 듯한 성경. 그 성경속의 무수히 많은 인물들도 결국은 인간을 향한 하나님의 약속이라는 커다란 명제 하에 주연배우인 예수 그리스도를 위해 잠시 잠깐 등장하는 엑스트라들. 중요한 것은 이리 확실한데 세상사는 인생이 너무나 작고 초라하다 보니 이런 게 잘 안보이나 봅니다.

처음 여행길에 올라 어디를 가면 그곳이 왜 유명한지 먹거리는 뭐가 있는지를 궁금해합니다. 예전 교토의 금각사라는 오래된 절을 갈 때의 일입니다. 아시카가 요시미츠의 별장이었던 경내를 둘러보다 나오는 길가에 있는 셋카테이(夕佳亭)라는 작은 정자에 사람들 발길이 모입니다.
일행들에게 "당시 여기는 귀했던 녹차를 마시며 저녁 경치를 즐기던 곳이었습니다"라고 말하고 우리도 여기서 밖을 보자고 알려드리니 일행 모두는 경치를 보고 즐기지만, 이런 설명을 들어보지 못한 이들은 모두가 안을 들여다보며 사진찍기에 바쁩니다.
밖이 잘 보이라고 만든 공간을...

그런 곳을 수십년전에도 가봤고 오늘도 가고 있는 사람에게는 그다지 궁금하지 않습니다. 주변 상점주인의 얼굴도 그의 아내도 딸도 아는 처지

인지라 하지만 갈 때마다 오늘은 어떤 만남이 있을까 하는 기대감은 충만합니다.

누구를 만나는 만남도 어떤 생각을 만나는 계기도 모든 것이 만남이다 싶습니다. 만남의 주체가 일인칭인 나이고 만남의 대상이 이인칭이 되고 그 외 우수마발이 다 삼인칭 일진데 가장 중요한 만남보다는 주변을 더 신경 쓰는 것은 마치 선보러 나온 자리에 사람보다 커피숍 분위기와 커피 맛을 더 중요시하는 것과 뭐가 다르겠습니까. 나와 깊은 잠 그리고 만남을 제외한 모든 것은 수단이요 방법일 뿐이다.

제가 이 책에서 이야기하는 모든 것들은 다 깊은 잠과 만남을 위한 길일 뿐이다 라는 것을 이야기하고 싶어 이리 두서 없고 지루한 긴 글이 되어져 버렸습니다. 여행을 통해 얻게 되는 즐거움과 기쁨은 머리가 맑아지는 것 일 겁니다. 거기다 이 기쁨속에서 느끼게 되는 감사의 기분은 마음 속 밭을 비옥하게 만들고 감사한 마음속 밭에 반성의 비가 나리고, 감동의 비료가 뿌려지고 나면 저 건너편 이데아의 세계에서 아이디어라는 벌과 나비가 날아올 것입니다.

꿈이라고 하는 것도 사실 깊은 잠을 통해 얻어지는 것일 겁니다. 꿈속에 용이 보이고 낳은 아들 몽룡도, 나비가 되어 하늘을 훨훨 나는 꿈을 꾼 장자도 모두 깊은 잠과 관계가 있는 것은 아닌가 생각합니다. 제 개인적인 경험을 말씀드리면 저는 모태신앙으로 어머니 뱃속에서부터 교회를 다녔으나 가벼운 성격 탓으로 친구들과 어울리며 술 담배를 즐겼습니다. 하루에 한 갑이상은 피우며 20년이상을 피우다 보니 건강이 안 좋아져 환절기면 목감기나 코감기에 자주 걸렸습니다. 그러던 어느때 술 마시며 상당히 많은 담배를 태우다 가슴이 아프고 등쪽이 너무 답답하고 조이는 증세를 경험했습니다. 그저 그러려니 했는데 우연한 기회에 알고 보니 이것이 심장이 크게 자극을 받거나 충격을 받으면 생기는 증세라는 걸 알고는 겁이 났습니다. 그리고는 몇 번이고 시도했다 실패한 금연을 다시 해야겠다 싶었습니다.

한 시간만 담배를 안 피워도 견디기 어려웠던 제 자신의 약한 의지와 중독증세는 먹는 금연보조제와 금연 패치를 다 써보아도 효과가 없었던 터라 제가 믿는 분께 모든걸 맡기자 마음먹고 기도했습니다. "제 힘으로 담배 끊기가 너무도 어려우니 부디 이제부터 잠자리에 들고자 하니 최대한 오랜 시간을 잠자게 하여 주십시요" 이리 기도 드리고 잠자리에 들고 목이 말라 깨어보니 제가 꼬박 2일을 자고 일어났던 것입니다. 그리 길게 잠을 자고 나니 담배 한 대에 불을 붙이고 한 모금을 빠는 순간 머리가 띵 해지고 목이 아픈 게 도저히 더 피울 기분이 아니어서 담뱃불을 끈 것이 지금에 이르고 있습니다. 이제 한 십년 담배를 안 피우니 매년 걸리던 감기는 걸리지 않고 심지어 바이크 캠핑나가 이리저리 야생생활을 하며 삼사일 세수는 커녕 양치를 못해도 병치레조차 없으니 너무나 좋고 희안

합니다.

이렇듯 깊은 잠은 정신적인 면뿐만 아니라 그 어렵다는 흡연중독마저 해결해주는 의사선생님을 만나게 해주기도 합니다.

이렇듯 깊은 잠을 통해 제가 만나기를 바라는 대상은 제 자신일 수도 있고 또 다른 무수히 많은 새로운 삶을 살게 해주는 힘이 되는 "계기"이기도 합니다. 제가 아직도 여행을 다니는 이유는 이런 만남을 통해 조금이라도 똑똑해지지 않을까 하는 우둔함 때문입니다. 저보다 모자란 사람은 여행을 가지 않아도 되겠지만 대다수의 훨씬 똑똑한 분들이야말로 이런 여행을 통해 많은 만남과 깊은 잠을 맛보시고 세상을 바꿔나가 주셨으면 좋겠습니다.

저 깊은 곳을 향하여

아차 그러고 보니
이 친구도 무슨 "몽"이던데…
아시려나?
혹시 몰라서 꼬리라도 보여드립니다.

반바지

만약 샌프란시스코에 간다면 머리에 꽃을(?) 꽂고

로스엔젤레스(나성)에 가면 편지를 쓰고 싶다. .

또 가는 곳마다 호텔 캘리포니아를 찾아 헤메고 싶다.

절친 부인이자 내 친구이기도 한 김여사에게 전화가 왔다. 일본에 놀러간

다고 한다. 벳부온천으로 여행 가는데 뭐가 필요하냐고 묻는다.

"글쎄"

우물쭈물 거리며 답으로 건넬 단어를 찾아본다.

호텔비품이 잘 갖춰져 있고 유명 휴양지와 어지간하게 비슷해 특별히 준

비할 물건이 있으려나 하는 찰라 딱 떠오르는 것이 있었다.

바로 "반바지" 였다.

일본 온천호텔은 대부분 일본 잠옷인 유카타(浴衣)를 입고 생활한다. 방에서 잠도 자고, 식당도 가고, 식당 들렀다 온천탕도 간다. 또 동네마실 갈 때도 입고 나간다.

한 마디로 잠옷, 활동복, 외출복 같은 "만능"이다.

이 만능복 "유카타"가 익숙한 일본인들에게는 그야말로 더할 나위 없이 편한 존재지만 어쩌다 입어보는 우리나라 사람들에게는 골치거리다.

잘못된 풍월을 듣고 와서 속옷 하나 없이 유카타 홑껍데기 한장만 달랑 걸치고 온천탕 가서 푹 담그고 나온다. 온천하고 나오니 온 몸에 땀이 나고 후끈후끈 거려 산책삼아 잠깐 바깥을 돌아다닌다. 허리힘이 아닌 다리힘으로 걷는 우리 습관에 익숙치 않은 게다짝이 발걸음을 붙잡는다. 실제 종아리와 발에 힘주고 걸으면 엄지발가락 사이가 많이 아프다.

바위나 벤치에 앉아 휴식을 취하는 순간 습관적으로 다리를 벌리거나 꼰다. 유카타 안에 아무것도 입지 않았다는 사실은 까맣게 잊은 채. .

자기는 몰라도 스쳐지나치는 이들은 민망한 풍경에 눈둘곳을 찾지못한다.

모르고 하는 부지불식중의 실수는 이외에도 다양하다.

이런 일들이 나중에 추억거리가 되지만 당시 순간에는 엄청난 사건이다.

그렇다고 남들 다입는 옷 마다하고 양복입고 온천갈 수는 없는 일. 이때

가장 좋은 선택이 바로 반바지다. 속옷을 입으면 되지 않느냐는 분들도 계시겠지만 아무래도 속옷과 반바지는 그 느낌이 다르다.

어차피 익숙치않은 홑껍대기 잠옷안에 반바지를 하나 입고 나면 온천을 가거나, 식당을 가거나, 마실을 나가거나 신경 쓸 일이 하나도 없다. 엷은 티셔츠 한 장과 반바지 하나가 일본여행길에 든든한 방패가 되어준다.

잊지말자 !
일본여행길에는 반바지와 얇은 티셔츠가 필수!

수영복 수영모 수경도 준비하면 혹시 있을지도 모를 "수영장 딸린 호텔"에서도 물놀이를 즐길 수도 있다~

"김 여사 반바지 꼭 챙겨~"

스페셜리스트

하늘은 늘 새로운 것을 내놓지만 사람들은 늘 편리한 것을 내놓으라 한다.

관광 오는 분들을 만나다 보면 종종 일본을 한마디로 정의를 내리면 어떻게 말할 수 있겠느냐는 질문을 받을 때가 있다.

"학식있는 분들의 표현대로 혼네와 다테마에가 있는 곳,

작은 것과 찰라를 잘 아는 사람들,

잇쇼켐메이

오모테나시

세련된 사회주의 국가 같지 않나요?" 하며 답을 드린다.

하지만 저 같이 일본의 밑바닥만 겪어본 부류에게는 멋드러진 정의를 내릴 단어가 잘 떠오르지를 않는다.

그래도 살며 본것은 성실한 사람들 그리고 정직한 사회라는 느낌이다.

물론 상대가 성실하고 정직하고, 인정할 만한 사회의 구성원이거나 국가에 한한다는 것은 잘 알려지지 않은 사실이다. 성실하고 정직한 사회의 차가운 뒷모습일 것이다.

배운게 적다보니 주변에 숱한 개와 고양이로 비유하기도 한다. 우리는 개 같고 일본은 고양이 같다는 느낌도 든다. 어지간하면 잘 짖지도 않고 서로의 거리를 유지하는 고양이들같은 사람들. 그에 비해 우리는 서로 부대끼며 쉬이 감정표현을 잘하는 강아지에 가까운 것 같다.

또 일본인들의 마음은 유리병같아 서로가 쉬이 가까이 다가서려 하지 않는다. 너무 가까이 다가가 격의없이 지내다 부딪혀 깨지면 드러나는 칼날같은 유리조각이 상대를 베고 찌르기 때문일 것이다.

우리네 마음그릇은 놋쇠그릇 같아 서로 부대끼며 소리 내고 조금씩 상처를 주거니 받거니 하며 살아간다. 잔잔한 상처를 그리 크게 의식하지 않고 살아가는 것 같다. 그러다보니 어지간한 소리로는 자신의 감정을 전달하기 쉽지 않아 징소리를 내며 큰소리로 외쳐야 한다고 생각하는 것이 아닌가싶다.

예전에는 일본에 오는 나이 지긋한 아저씨들 대부분이 어디서 일본 A/V(성인 비디오)를 한 두편은 보고오는지 밤이 되면 어디 물 좋은 술집 없냐고 물었다. 처음엔 무슨 말인지 몰라 술을 물이라 하는줄 알고 맛나는 술을 많이 준비하고 있는 식당이나 이자카야로 모시고 갔다가 바보 취급을

당하기도 했다. 우리네 돌쇠들 대부분은 술맛보나는 다른 재미에 지대한 관심이 있었던 것이다. 게다가 일본이라는 나라는 우리가 알고 있는 것 이상으로 세상 사람들이 좋아하는 것들을 입 안의 혀처럼 착착 달라붙게 어찌나 잘 만드는가?

바쁘게 사느라 시간 없고, 정신 없는 어수룩한 남자들의 로망과 망상을 버무려 놓은 작품(?)들을 제대로 만들어 한반도 구석구석에 잘 뿌려 놓았 다. 그랬더니 마치 어항 속 금붕어에게 먹이 주면 몰려드는 것처럼 어리 숙한 한국 아저씨들은 죄다 코가 꿰여 일본은 마치 "아마존"이라도 되는 것처럼 여겨졌던 모양이다.

십여년도 휠씬 전 어느 날 밤이었다.

그날밤은 또 왜그리도 술맛이 나는지 손님들과 같이 이런저런 이야기로 꽃을 피우다 보니 상당히 늦은 시간이 되었다.다음날 통역 준비도 해야 하기에 이제 그만 숙소로 돌아가자 했지만 한참 술이 오른 분들에게 내일 일은 머나먼 남쪽나라 이야기.

한 군데 선술집을 더 돌고 숙소로 가게 되었다. 유독 한 분만이 한 잔 더 하고 싶다며 고집을 피워 다른 분들은 숙소로 돌아가고 이분과 동행을 하 게 됐다. 이분의 목적은 아가씨가 있는 곳에 가자는 것이었다.

제가 술집 계통은 잘 몰라도 대충 들은 풍월이 있다 보니

"외국인들은 일본인 아가씨들이 있는 술집은 가봐야 이야기만 하다 나오

기 때문에 별 재미 없습니다"라고 설명을 해드렸다.

(일본 술집에서 아가씨 손목이라도 허락없이 잡으면 경찰이나 주먹이 솥 뚜껑 만한 형님들이 올 수도 있다)

하지만 막무가네로 동행을 요구하는 술취한 손님을 동경 유흥가 한 귀퉁 이에 놓고 올 수는 없었기에 어쩔수없이 같이 다녔지만 워낙 늦은 시간 에 말도 안통하는 외국인 손님이 들어가 한 잔 마실곳은 없었다.

술기운에 이리저리 거절당하니 약이 바짝 오른 이 양반이 급기야 그 당 시 유행하던 유사 성행위 업소로 들어가버렸다.

업소 입구에 있는 야시시한 아가씨들 사진들을 보고는 다짜고짜로 들어 간 것이다.

일본어도 안되는 술취한 외국인이 어떤 봉변을 당한다고 하더라도 이상 할것도 없는 곳에 혼자 놔두고 갈 수없다 보니 따라 들어갔다.

들어가니 아니나 다를까 실랑이를 벌이고 있었다.

필자도 잘 모르는 처지지만 통역을 하다 보니 업소에서 '일본어가 되는 사람이 같이 있으면 된다'해 자리를 잡았다. 업소 시스템이 디테일한 요 금 체제로 이뤄져 초짜는 사실 뭐가 뭔지 알기 힘들었다.

번호 메겨진 아가씨들 사진이 있었고

아가씨가 오른손으로 서비스를 하면 얼마

왼손으로하면 또 얼마

거기에 오럴 섹스는 또 얼마가 추가되는 식으로 옵션이 늘어날 때마다 가격이 오르는 요금 체계였다. 제일 비싼 메뉴로 "스페셜"이라는게 있었다. 별다른 설명은 없고 가격만 적혀 있었기에 손님에게 '제일 비싼 것은 얼마짜리가 있습니다'라고 설명을 했다. 이분은 아마도 제일 비싼 "스페셜" 메뉴가 뭔가(?) 아주 특별한게 있을거라 생각했는지 "스페셜"을 주문하고 아가씨를 따라 안쪽으로 사라졌다.

필자는 이런 업소는 문외한이다 보니 뭐가 뭔지도 모르는 상태에서 손님이 주문한 오더를 넣고 담배연기 자욱한 대기실에서 카운터 아줌마가 건네 준 캔커피를 마시며 텔레비젼을 보고 있었다.

손님이 주문한 코스는 대략 30~40분 걸린다고 해 기다리고 있었다.

10분이나 지났을까 갑자기 어디선가 한국말로 외치는 비명과 고함소리가 온 업소를 뒤흔든다.

혹시 몰라 카운터로 나가보니 조금전에 들어갔던 그 손님이다.

"왜 그러십니까?"

"무슨 일이 있습니까?"

다급하게 물어보아도 대답없이 멍하게 풀린 눈으로 황급히 신발을 신고 뛰쳐나간다.

덩달아 뛰쳐나가 뭔일이냐고 물어보니

업소에서 한참 떨어진 곳에 이르러서야 토하듯 몇 마디한다.

그리고 돌쇠 둘은 새벽녘 청소차 엔진소리를 들으며 술기운 다 깨 숙소로 돌아갔다.

결론부터 이야기하면 그 손님이 주문한 "스페셜"은 서비스 종업원이 "아가씨"가 아니라 "아저씨"였던 것이었다. 여자들이 해주는 서비스에 만족 못하는 "특별한" 손님을 위한 아주 스페셜한 서비스였는데 용감한 우리 손님이 주문을 한 것이었다.

얘기를 들어보니 입구에 있던 야시시한 아가씨가 어느 방으로 안내를 하기에 따라들어갔더니 이발소 의자같은 의자가 있었고, 아가씨는 손님을 앉히고 따뜻한 물수건을 눈 위에 얹어 놓더니 나갔단다.

잠시 후 다시 누가 들어오는것 같아 살며시 물수건을 들어올려 방안을 둘러보니 왠 건장한 아저씨가 서있더란다. 이 사람은 뭐지하며 청소하러 들어왔겠거니 하며 물수건 사이로 보고있으려니 그 남자 양치질을 하더란다.

구석구석 깨끗하게 아주 꼼꼼하게~~ 다른 손님이 모르고 들어온거려니 싶기도하고, 이런 곳에서 만나는 낮선남자와 눈마추기도 민망해서 짐짓 모르는 체하며 그 남자가 나가기 만을 기다리고 있었다고 한다. 그런데 그 남자 양손에 핸드크림을 바르는가싶더니 손님에게로 다가오더니 거칠게 바지를 벗기려했단다.

뭔가 이상한(?) 시츄에이션에 기겁을한 우리손님은 호랑이같은 소리를 내지르고는 카운터로 튀어나온것이다.

이후는 내가 본 상황이고…

그렇다 일본의 스페셜은 이런 "특별함" 이었던 것이다.

보통 전문가를 영어로 익스퍼트(expert)라 하지만 일본에서는 스페셜리스트(specialist)라 한다.

아마도 직업군으로서의 전문가가 아니라 직장내에서의 특별한 존재를 나타내는 말이 아닌가싶은데

이런 의미에서 저또한 스페셜리스트가 아닌가합니다.

북해도 여행을 오시려는 분들에게 꼭 권해드리는 것이 "캠핑"이다.

대자연을 맛보려 오시는 분들이라면 조건없이 떠나보시기를 권하고, 그렇지 않은 분이라도 대자연 그대로의 북해도를 맛보시기를 권한다.

예수께서 광야에서 40일간 캠핑(?)을 하고나서 세상의 빛과 소금이 되셨듯이, 석가모니가 깨달음을 얻었던 보리수 옆자리같은 곳에서 마음을 가득 채우는 소리와 색을 시청하시면 어떻겠는가?

사정이 된다면 국제운전면허증 발급받고 렌터카 빌려 가족과 친구들과 함께 북해도의 천연을 드라이브하는 것이다.

대략 4~5일에서 길면 열흘 정도의 드라이브이다.

옆 자리에 와이프 모시고, 뒷자리 아이들과 나누는 진솔한 대화는 가족여행의 진수일 것이다.

또 친구들과 모여 내일은 어떤 만남과 즐거움이 있을까 기대하며 서로가 힘과 손발을 맞춰 이뤄내는 시간은 아마 평생의 이야기거리가 될 것이다. 캠핑장에서 버너불에 코펠밥, 찌게가 어려우면 편의점 도시락이라도 먹으면서 천천히 흐르는 시간과 태고적 고요와 청정을 느끼며 깊은 잠도 자며 제대로 푹 쉬자는 것이다.

북해도를 차타고, 바이크 타고 수십번도 넘게 돌아다닌 경험자로서 추천하는 **코스 첫번째는 북쪽코스.**

첫날 후라노와 비에이 지역을 둘러보고 캠핑장 야영

둘째날 왓카나이로 이동하고 페리편으로 레분섬으로 들어가 야영

세째날 레분섬 트래킹 리시리섬 이동, 캠핑장 야영

네째날 리시리섬 자전거 트래킹 캠핑장 야영

다섯째날 출도후 일본 최북단 소우야 미사키 방문(1983년 대한항공 피격희생자 추모비) 그리고 삿포로 귀환

시간이 없으면 리시리섬은 빼도 크게 아깝지 않다.

둘 다 가보는 것도 좋지만 하나만 골라 가봐도 충분하다. 둘 다 워낙 좋아서다.

두번째 추천코스는 동쪽코스

첫째날 후라노 비에이 관광하시고 캠핑장 야영.

둘째날 개썰매(겨울)를 타거나 소운쿄(여름) 거쳐 아바시리(여기는 아바시리코소라는 곳을 추천)

세째날 유빙선 승선(겨울) 시레토코 관광(여름) 캠핑장 야영

네째날 삿포로 귀환

소개한 두 코스를 여름과 겨울로 나눠서 오면 네 번을 다닐 수 있다.

'에이 한 번 갔던 데를 뭐하러 또 가나?' 할 수 있겠지만 몇 십 번을 다녀도 질리지 않았다.

필자가 좀 모자란 탓이기도, 둔중한 성격이기도 하겠지만, 매번 새로운 만남이 주는 설레임과 즐거움은 색다르다.

세세한 설명을 하자면 또 엄청난 시간과 지면이 필요하다. 그럴 바에야

북해도 친구집에 와서 맥주 한 잔 나누며 이런저런 설명을 직접 말로 듣는 게 빠르고 정확할 것이다.

큰 코스 잡고 무수히 많은 안내책자나 인터넷 정보를 통해 알아보고 난 후에 시시콜콜한 궁금증을 물어봐도 좋다. 필자가 이래뵈도 북해도 여행에서는 스페셜리스트다. 그리고 이것저것 번거롭고 다 귀찮다 싶으면 필

자와 같이 길 떠나시는 방법도 있다.

여하튼 같이 가자는 사람이 있으면 캠핑카 장만할 계획이다.
초호화판은 아니더라도 영하40도의 극한지에서 바로 눈 앞을 스쳐지나
는 다이아먼드 더스트와 캠핑카 바로 앞까지 와 든실한 꼬리털 살랑거리
며 돌아다니는 여우와 알리바바의 도둑떼같은 북해도 사슴이 건네는 노
래 소리를 스테레오로 들을 수 있는 놈으로 준비할 것이다.

이런 특별한 여행길에는 자신만의 화두 하나 정도는 가져와야 제격이다.
담배끊기
살빼기
불면증같은 난적도 적당하다.

워뗘? 이번참에 "스페셜"로 지대로 한 번 놀아봐?

에필로그

태산명동서일필(泰山鳴動犀一必)이란 말이 있다.

오랫동안 가이드 일을 해오며 많은 분들 모시며, 참으로 좋은 가르침과 많은 공부를 했다 싶어 이를 한번 글로서, 책으로 내보자는 무모함으로 아무런 준비없이 책상 앞에 앉아 일년의 세월을 보내고 나서야 내가 안다고 하는 것들이 무엇 하나 특별한 게 없는 것들이었구나 하는 자괴감이 들었습니다.

그냥 다 집어치우고 싶은 순간들이 얼마나 많이 지나갔는지 헤아릴 수조차 없습니다. 그런 와중에도 들었던 생각이 일본으로 여행오는 분들이 해가 갈수록 늘어난다는 뉴스와 저희 민박집에 오는 젊은 친구들과 만남이 자극제가 되었습니다. 키도 크고 얼굴도 시원시원하게 잘 생기고 공부도 많이 해 영어를 모국어처럼 쓰는 친구들이 일본이라는 나라에 대해서는 너무도 모른다 싶은 겁니다. 이런 친구들에게 그냥 비행기타고 오는 동안 잠시 잠깐 읽어보면 어떨까 싶은 기분으로 쓴 것이 여기까지 오게 만들었나 봅니다.

처음에 교만한 마음으로 주변에 요즘 책 한권 내보려고 글 쓰고 있다며 좋은 얘기거리 있으면 알려 달라고 시건방을 떨던 것이 너무도 창피하고 부끄러워 얼굴을 들고 다니지도 못할 지경이고, 이런 것도 글이라고 책으로 내도 되나 하는 불안한 마음만 가득하게 되어 버렸습니다.

그러다 이제는 그래 이판사판이다. 가는 데 까지는 가보자는 자포자기 같은 마음이 있고, 이런 교만하고 우둔한 놈을 믿고 물심양면으로 격려해주며 힘을 불어넣어 주신 인사이트그래픽의 정영호 실장님의 지원이 나머지이다.

예전에 책을 읽다 보면 대부분의 저자들의 머리글이나 글 말미에 늘 도움주신 분에게 감사드린다는 내용이 빠지지 않는 것이 궁금했었는데 이제 그 기분이 어떤 것인지 너무도 잘 알게 되었습니다.

깊은 잠속에서 우리가 늘 충만하고 새로워지기를 기도 드리며 또 모든 일에 때가있음을 알려주는 이의 가호가 이 책을 읽는 분들께 임하시기를 바라며,

오타루의 낡은 집에서

북해도여행기록하기

북해도여행기록하기

북해도여행기록하기

북해도여행기록하기

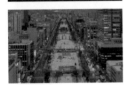
  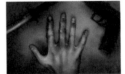